한눈에 읽는 외식창업 성공이야기 [시리즈 21]

테마와 Fun이 있는 와인바 전문점

김병욱 지음

 킴스정보전략연구소

김 병 욱 소장

킴스정보전략연구소 소장인 김병욱 박사는 소상공인 창업 지원 연구, 개발, 평가, 심사, 위원으로 활동하고 있으며, 삼성그룹사가 작사와 1등을 뛰어넘는 2등 전략과 창업 틈새 전략 외 150여 권의 저서를 발표한 바 있다.

그 밖에 방송·산업체 강의, 평가 등의 활동과 동시 월스트리트저널에 의해 21세기 아시아 차세대 리더에 선임된 바 있는 정보전략가임과 동시 경영컨설턴트이다.

Contents

Ⅰ. 와인 고객 트렌드 ·····················1

1. 와인바 · 와인레스토랑 현황 ···················3

1) 와인바 및 와인레스토랑 ···················3

2) 인터넷 와인동호회와 카페 현황 ···············4

2. 와인 시장동향 ·····················6

1) 와인 일반시장 판매동향 ···················6

2) 대기업의 와인시장 진출 ···················8

3. 젊은 입맛, 젊은 감성 공략하는 와인시장 ·········11

1) 젊은 입맛 맞추기 위해 '낮추고 낮춰라' ·········12

2) 젊은이를 공략하는 다양한 마케팅 활동 ·········13

3) 와인바 유형과 인기바 비결 ···············14

Ⅱ. 와인바 경영환경 ·····················19

1. 국내 경기현황과 와인바 영향 ···············21

1) 와인산업의 내부동향 ···················21

2) 와인산업의 외부동향 ···················23

2. 와인산업 소비 영향 요인 ·················24

1) 경제적 요인 ·······················24

2) 사회적 요인 ·······················27

3) 문화적 요인 ·······················29

Contents

3. 와인바 동향 ·························31
　1) 소비 트렌드 ·······················31
　2) 경영환경 ·························34

Ⅲ. 와인 소비현황 및 시장동향 ·············35
1. 소비의 패턴 및 변화 ···············37
　1) 소비자의 소득수준에 따른 분류 ·············37
　2) 와인 소비유형별 분류 ·················39
2. 와인소비 패턴 ···················46
　1) 와인소비 추이 ·····················46
　2) 와인 소비그룹 분류 ·················47
　3) 소비재 와인의 특징 ·················49
　4) 와인 소비현황 ·····················51
　5) 연령대별 와인소비 특징 ·············58
3. 국내 와인산업의 변화(트렌드) ···········63

Ⅳ. 와인바의 영업전략 ·················69
1. 진단 체크리스트 ·················71
2. 경영진단 적용 및 결과 ·············75

Contents

3. 영업목표와 비전수립 ·······················77
  1) 목표수립 ·······························77
  2) 마케팅 전략의 수립 ·····················77

4. 각 단계별 마케팅 특성 및 전략방향 ·····80
  1) 도입기 ·······························80
  2) 성장기 ·······························82
  3) 성숙기 ·······························83
  4) 쇠퇴기 ·······························85

V. 성공전략 및 실천모델 ····················89

1. 이미지 컨셉 및 전략 ·····················91
  1) 비전 및 미션 ·························91
  2) 이미지 ·······························92

2. STP 전략수립 ··························94
  1) 시장세분화(Segmentation) ·············94
  2) 표적시장(Targeting) ···················96
  3) 포지셔닝(Positioning) ·················97
  4) 4P 구성 ·······························98

3. 실천전략(모델) ··························99
  1) 유동인구에 따른 속성결합 ·············106

Contents

2) 살아나는 상권, 죽어가는 상권 ·················110

3) 판매 수익창출 모델 ·····················114

4) 홍보이벤트 실천전략 ··················117

5) 세계적 와인 마스터 초빙 이벤트 개최 ···············120

4. 고객만족 전략 ·····················**121**

부록: 창업 및 업종 전환, 신규사업 가이드 ···········**125**

참고문헌 ····························**203**

I

와인 고객 트렌드

1. 와인바·와인레스토랑 현황

1) 와인바 및 와인레스토랑

최근 와인의 대중화 요인으로 우리 주위에 전문 와인바가 많이 오픈해 영업 중인 것을 많이 볼 수 있다. 이는 그만큼 와인이 대중화되었음을 의미하며, 이 같은 와인시장의 성숙은 곧 와인시장 팽창의 주요 원인 때문이다.

즉, 와인 수입면허를 쉽게 받을 수 있도록 법적 규제를 간소화한 것도 와인업체들에게 상당한 호재로 작용했고, 이로 인해 와인 수입회사가 늘어나면서 대중화를 촉진시킨 결과가 되었다.

또한 와인시장의 확장은 무엇보다 경제력이 향상되면서 생활수준이 높아지고 건강에 대한 관심이 증가한 것이 와인 소비를 늘리는 결정적인 계기가 된 것이다.

현재 전국에 와인바와 레스토랑의 숫자는 정확히 파악할 수는 없으나 급격히 늘어났으며, 현재도 지속적으로 늘어나고 있다.

2018년 현재 국내 전문 와인바는 대략 약 1,000여개에 달하고 있으며, 그 중에서 서울의 강남과 강북지역에 약 300여개가 영업 중이다.

2) 인터넷 와인동호회와 카페 현황

인터넷 포털사이트의 와인 관련 카페 숫자가 전체의 8%에 달할 만큼 온라인 공간에서의 와인동호회 활동이 활발해졌다. 확산되는 와인 문화인터넷 포털사이의 와인 관련 카페를 보면, 약 1800개로 회원수가 2018년 기준 5만명에 육박했다.

이 가운데 회원수 5000명이 넘는 중·대형 카페는 43곳, 와인 동호회 500여개가 운영되고 있다. 또한 인터넷 포털사이트 다음의 와인 관련 카페는 무려 1352개에 달하고 있다. 이 중에는 2만여명의 회원을 거느린 매머드급 동호회도 있다.

이미 오래전부터 대학생 사이에서도 와인 문화가 확산되고 있었는데, 그 예로 숭실대 불어불문학과는 신입생 환영회나 MT때 소주나 막걸리 대신 와인을 이용하기도 했다.

이같이 국내 와인소비량은 소득수준에 비례하는데 일본의 경우 1인당 와인 소비량이 3 l 로 한국의 10배라는 점을 감안하면 국내 와인시장의 성장 여지는 여전히 많이 잠재되어 있어 지속적으로 성장할 것으로 예상된다.

〈표1〉 인터넷 포털사이트 다음 와인카페 지역별 현황

지역		동호회수	지역		동호회수
강원지역	강릉	7	호남지역	광주	23
	춘천	4		전주	4
	속초	1		목포	1
	횡성	1	충청지역	대전	13
	원주	1		천안	3
영남지역	부산	32		청주	1
	대구	36	경기지역	인천	15
	울산	14		수원	7
	포항	6	제주지역	제주	3
	구미	2	수도권지역	서울	13
	영주	1		분당	3
	경주	1		일산	4
	거제	3			

〈표2〉 인터넷 포털사이트 다음 년도별 와인카페 현황

년도	2005	2007	2009	2011	2013	2015	2017
숫자	78	117	180	198	185	398	667

2. 와인 시장동향

1) 와인 일반시장 판매동향

국내 와인시장이 빠르게 성장하고 있는데 이는 '와인 붐' 이 일었던 2007년 이후 제2의 전성기를 맞고 있다는 평가다. 즉, 국내와인시장은 전성기인 2007년 이후 국제적 금융위기 이후 인기가 주춤했다가 2013년 이후 분위기가 반전됨에 따라 수요량이 다소 회복되었다.

이는 FTA의 영향으로 가격이 떨어지고 마트서 저가형 와인을 판매한 것이 보편화되면서 일반화된 것으로 보이는데 업계에서는 기존 와인시장에 비해 15% 커진 것으로 평가하고 있을 정도로 호기이다.

특히, 와인시장은 2003년경부터 웰빙 열풍을 타고 마니아층을 탄생시켰으며, 와인을 다룬 일본 만화 '신의 물방울' 을 통해 2007년 최고 전성기를 맞기도 했다. 그 해 연간 수입량이 3,215만 *l* 로 사상 최고를 기록했다. 하지만 2008년 글로벌 금융위기를 계기로 값비싼 와인에 대한 수요가 줄어들고, 과도한 와인열풍의 거품이 꺼지면서 점차 하락세로 접어들었다.

하지만 2013년 들어 분위기가 반전된 것이다. 관련 업계에 따르면 2013년도 와인 수입량은 2,673만 *l* 로, 2007년 같은 기간(2,699만 *l*)에 육박했다. 다른 점은 '가격이 착해지고 있다' 는 점이다. 현재 중저가 와인이 초강세를 이루고 있다. 이는 자유무역협정(FTA)의 영향이 크다.

2010년 한·EU FTA로 프랑스와 이탈리아산 와인가격이 내려갔고, 2012년 한미 FTA로 캘리포니아산 와인가격이 떨어졌다. 이를 계기로 와인문화도 바뀌게 되었다.

즉, 과거엔 고급 와인을 선물하거나 호텔이나 레스토랑에서 마시는 문화였다면 지금은 저렴한 와인을 사다가 집에서 즐기는 문화로 바뀌고 있는 것이다. 실제로 이마트의 2013년 11월까지 와인판매 누적실적은 435만병으로 지난해 같은 기간보다 8.7%늘었다. 특히 판매량 톱 10 가운데 칠레의 'G7 까버네', 이탈리아의 '발비 모스카토 다스티', 이탈리아의 '솔라시오 모스카토 다스티' 등 2만원 이하 저가와인이 8개에 달한다.

롯데마트에서도 2013년 11월 누적기준 와인 매출은 지난 해 같은 기간 보다 7.8%늘었고, 특히 2만원 미만 와인 매출비중이 54%에 달하고 있을 정도로 판매 순위 10위 가운데 1만원대 이하 와인이 7개나 될 정도다.

이같이 대형마트가 저가 와인 열풍을 주도하다 보니 와인 수입사들이 난처해졌는데 나라셀라(몬테스), 신동와인(몬다비), 금양인터내셔널(1865) 등 주요 와인 수입사들은 각 사의 고급 리딩 브랜드로 차별화하는 한편 대형마트 등에 납품하는 저가 와인 확보에 주력하고 있는데서 그 실태를 알 수 있다.

2) 대기업의 와인시장 진출

현재 와인도매는 백화점과 할인마트를 통해 주로 하고 있는데 롯데, LG, 신세계대기업3사의본격적인와인시장진출로 와인시장의 새로운 경쟁구도가 이루어지고 있다. 롯데는 기존 롯데아사히주류를 통해 와인사업군을 가지고 있던 롯데그룹은 업계에서 가장 많은 품목을 보유하고 있던 두산주류 BG를 인수하면서 업계 최대 수준의 와인포트폴리오를 갖추게 되었다.

신세계는 2009년 1월 와인 수입회사 '(주)신세계와인컴퍼니'를 설립하여 와인 직수입 사업을 하고 있으며, 전국 130여개 점포의 이마트, 신세계백화점, 조선호텔 등의 다양한 유통채널을 이용하여 와인 사업을 확장시켜 나가고 있다.

LG는 2008년말 LG상사의 자회사로 설립된 '트윈와인'은 여의도 트윈타워에 직영숍을 운영하고 있으며, 2012년 추석부터 본격적인 영업을 개시한 후 순조롭게 와인시장에 진입하였다.

최근의 와인시장의 거품이 사라지고, 각사의 경쟁이 치열해지는 상황에서 각사는 와인을 일상생활 및 야외 활동시에도 편하게 즐길 수 있도록, 다양한 '레디투드링크' 제품을 선보이고 있다.

롯데아사히주류는 2009년 5월말까지 한정적으로 판매했던 '옐로우테일 레디투고 패키지'를 출시하였으며, 이 패키지는 야외에서 손쉽게 와인을 즐길 수 있도록 와인과 와인 오프너, 플라스틱잔 2개로 구성하여 2만원 이하의 저렴한 가격으로 판매하기도 했다.

금양인터내셔날은 스파클링 와인과 잔을 패키지로 구성된 '간치아 피크닉 세트'를 봄 시즌에만 한정적으로 판매하고, 플라스틱 잔이 아닌 스파클링 전용 잔이 들어있는 스파클링 와인의 기포와 향을 야외에서도 손색없이 즐길 수 있도록 했다.

보해 B&F는 휴대와 음용이 간편한 캔 타입의 후르츠와인 '오렌지&망고', '자몽&구아바'를 출시했었는데, 열대 천연과즙에 화이트 와인을 블렌딩한 칵테일 와인(알코올도수 5도)으로 맛이 상큼하고 부드러운 맛을 내어 부담 없이 즐길 수 있는 휴대용 캔 타입 와인 제품이다.

경기불황이 이어지면서 고가의 와인제품 대신 저렴하고 질 좋은 와인을 찾는 소비자가 늘어남에 따라 각사들은 매장형태의 변형, 용량사이즈 다운, 저렴한 와인을 소개하는 등 다양한 형태로 실속파 와인소비자들을 공략하여 소비를 유도하고 있다.

나라식품은 자사에서 운영하는 직영 판매점 '와인타임'을 아울렛 매장으로 바꿔 와인을 최대 60%까지 할인하여 판매하였으며, 일반 와인병의 절반 크기인 미니사이즈(350ml안팎)의 미니 와인을 3,000~5,000원 균일가로 판매하여 불황기 소비자들에게 인기를 얻기도 하였다.

와인은 국내 주류 소비자들 사이에서 부담없이 가볍게 마실 수 있는 달콤한 술로 자리 잡으면서 마트 와인이 전성시대를 맞고 있다.

2014년 1월 14일 글로벌 유통기업이자 홈플러스의 모기업인 테스코의 '마스터 오브 와인' (와인 총괄책임자) 로라 주엘씨가 방한했는데 주엘씨는 테스코의 와인개발팀을 이끌면서 연간 4억 5,000만병을 소싱하는 글로벌 와인 시장의 '큰 손' 이다.

테스코 와인 총괄책임자로서 한국을 찾은 이유는 국내 마트 와인 시장이 성장세를 거듭함에 따라 시장을 직접 확인한 후 향후 국내 소비자 취향에 맞는 와인을 찾아내기 위해서다.

그는 한국은 테스코의 와인사업 관련 글로벌 전략에서 중요한 나라로 아시아 와인 시장에서 한국이 트렌드를 선도해 나갈 것임을 주장한다.

홈플러스를 통해 판매되고 있는 테스코의 '파이니스트' 와인은 유통업체가 직접 산지를 찾고 소싱하는 식으로 가격을 낮춘 대표적인 PB(자체 브랜드) 와인으로, 국내에서도 출시 5년 만에 누적 판매량 50만병을 돌파했다.

합리적인 가격대의 프리미엄 와인에 대한 소비수요가 높아 지난 2010년 첫 출시 당시 14종을 들여왔지만 현재는 49종이 팔리고 있을 정도로 폭발적인 수요증가를 보이고 있다.

이마트 역시 과일 맛이 강한 와인을 선호하는 소비자들의 취향을 고려해 보르도 5대 와이너리 중 하나인 샤토 라피트 로칠드사와 손잡고 칠레에서 생산한 '맞춤형 와인' 인 로스바스코스 와인을 출시했다. 로스바스코스 와인은 출시 한달만에 3만병이 넘게 팔려나가며

단숨에 히트상품으로 등극했다.

라피트로칠드가 아시아에서 일종의 PB형태로 상품을 공급한 것은 이마트가 처음으로, 국내 저가 와인시장의 성장세를 생산업체 역시 주목하고 있음을 보여주는 사례라 할 수 있다.

또한 롯데마트는 와인이 주류 중 리큐르 양주와 수입 맥주에 이어 세 번째로 매출 증가율이 높을 정도로 인기를 끌자 취급품목과 매장 면적을 계속해서 넓혀가고 있다.

지난 2003년만 해도 취급 품목은 160종 정도였으나 지난 2017년 말 기준으로 매장에서 판매 중인 와인은 480여종에 달한다. 또 와인 수요 증대에 맞춰 점포 10곳 중 7곳에 와인 전용숍을 따로 구성해서 영업 중이다.

마트와인 소비자들의 특징은 저렴하면서도 달콤한 맛이 강한 상품을 선호한다는 점이며, 이에 맞춰 모스카토 다스티나 포도주스 같은 맛이 느껴지는 미국산 와인 매입을 늘리고 있는 것도 가장 큰 와인시장의 변화이기도 하다.

3. 젊은 입맛, 젊은 감성 공략하는 와인시장

기존 중년 중상층 고객의 가족, 친구와의 술자리가 타겟이었던 와인시장은 2030의 젊은 세대를 새로운 타겟으로 하여 그들의 마음을 사로잡기 위한 노력을 꾀하고 있다.

1) 젊은 입맛 맞추기 위해 '낮추고 낮춰라'

기존 와인시장에서 중년 5060세대를 타겟으로 한 와인시장이 할인점과 백화점의 직수입에 따른 저가의 와인이 인기가 지속되면서 와인시장에도 2030세대를 타겟으로 한 와인이 출시되고 있다.

또한 전통주로서의 오비맥주 '카스'는 기존 레몬, 후레쉬, 라이트, 레드 총 4종의 제품 라인을 가지고 있던 '카스'는 19~24세의 젊은 층을 공략하기 위해 도수를 2.9로 낮춘 '카스2X'를 출시하기도 했다.

젊은 감성을 강조하는 Extreme, Exclusive, Expressive의 'ex'와 20대, 2.9도의 공통 숫자인 2를 브랜드 네임화 하였으며, 병 디자인도 세련되고 감각적인 젊은 감성을 반영한 것이었다.

또한 텔런트 이민호와 제시카 고메즈를 광고모델로 기용하여 뮤직비디오, 인터넷 UCC를 제작하기도 하였으며, 배우 이종석을 모델로 서울 도심과 대학가에서 공격적인 마케팅을 진행하기도 했다.

맥주의 칼로리에 부담을 느끼는 젊은 세대와 여성소비자를 공략하기 위하여 각 사는 맥주 본연의 맛은 유지하고 칼로리를 낮춘 여러 가지 제품을 출시하고 있다.

롯데아사히주류는 아사히 맥주의 고발효 기술로 개발한 당질 0%의 캔맥주 '아사히 스타일 프리'를 출시하였다. '아사히스타일프리'는 당질을 최대한 줄여 기존 풍미는 그대로 유지시키고 잡미를 최대한 제거하여 깔끔하고 산뜻한 맛을 낸 것이 특징이다. 하이트는 식이섬유맥주 'S'를 출시해 100㎖당 30㎉의 낮은 칼로리와 식이섬유 함유를 통해 다이어트에 신경 쓰는 여성들을 타겟으로 한 제품이다.

이에 'S'는 스타일, 뷰티, 연애 등 젊은 20, 30대 여성들이 관심 있는 소재를 통해 소비자와 커뮤니케이션 하고 있으며 모델 컨테스트, 파티 등 젊은층을 공략하기 위한 다양한 마케팅활동을 진행한 바 있다.

2) 젊은이를 공략하는 다양한 마케팅 활동

와인시장의 타겟이 젊은 세대로 옮겨감에 따라 20대들의 감성을 공략하는 다양한 이벤트와 프로모션 행사가 진행되고 있다.

카스맥주 '카스'는 20대 젊은층을 공략하기 위하여 '톡하게 산다' 캠페인을 진행한 결과 20대가 선호하는 맥주브랜드 1위를 차지하기도 했다.

'톡하게 산다' 캠페인은 젊은이들에게 인기있는 댄스(테크토닉), 스포츠, 동호회 활동 등을 소재로 하여 젊은 감각을 자극하는 다양한 마케팅 활동을 진행한 것으로 1월에 '한톡 페스티벌'과 2월에 '톡하게 고백하는 법! 톡하게 고백 받는 법' 등의 이벤트를 이미 진행한 바 있다.

하이트 'S'는 젊은 여성들을 타겟으로 한 식이섬유 맥주 'S'를 1월 아시아 모델상 시상식 애프터 파티를 후원하는 'S-Beer Party'도 열었다.

청담동 클럽에서 진행된 이 파티에는 아시아 유명모델, 패션, 음악, 영화관계자들이 참석하여 성황리에 이루어졌으며 이를 시작으로 앞으로 젊은 감성코드에 맞춘 문화마케팅을 지속적으로 확대할 예정이다.

수입맥주인 버드와이저는 다양한 마케팅활동을 통해 한국의 젊은 소비자들에게 어필하고 있다. 2009년 1월에는 행사기간 1만명에게 모바일로 즉석 경품이 제공되는 'Wish Kick 2009' 모바일 마케팅을 진행하였으며, 홈페이지에서 '왕의 귀한 대축제' 이벤트를 통해 다양한 플래쉬 게임과 액세서리를 제공하기도 했다.

3) 와인바 유형과 인기바 비결

바는 통상적으로 클래식바와 플레어바(캐주얼바), 두 가지로 나눈다. 클래식바는 조용한 음악이 있는 약간은 무거운 분위기를 느낄 수 있는 곳이고, 플레어바는 병으로 플레어하고 칵테일 쇼를 하는 즐기기 위한 상당히 시끄러운 바를 말한다.

분류	
	- 음악적 성향에 따른 분류: 클래식바, 재즈바(R&B바), 록바(로큰롤바)
	- 인테리어에 따른 분류: 클래식바, 모던바, 스포츠바, 웨스턴바,
	- 주류나 음식에 따른 분류: 데낄라바, 칵테일바, 아이스바, 스시바, 야끼바(yaki bar=로바다야끼+바), 오뎅바,
	- 쇼 위주에 따른 분류: 플레어바, 라이브바

유형		
	모던바	블랜톤 등의 어두운 인테리어로 되어 있는 바
	웨스턴바	원목으로 처리된 마루바닥과 넓은 바가 있고 분위기는 마치 서부 영화의 한 장면을 보는 듯한 모습으로 연출해 놓은 바
	칵테일바	위스키, 맥주도 취급하지만 칵테일 쇼 등을 하여 칵테일을 주력 상품으로 하는 바
	위스키바	위스키가 주종을 이루는 바
	맥주바	중앙에 아이스바를 놓고 그 안에서 각 국의 병맥주를 꺼내 마시는 스타일
	클래식바	클래식 위주의 조용한 음악과 그에 맞는 인테리어로 운영되는 바
	째즈바	째즈 음악을 주로 틀거나 라이브로 째즈 연주를 공연하는 바
	플레어바	바텐더가 바탑 안에서 칵테일쇼 하는 것을 즐기는 바
	라이브바	현장에서 가수가 라이브로 노래를 부르거나 악기를 연주하는 방식으로 운영하는 바
	토킹바	바텐더들이 손님과 대화하는 것을 기본으로 하는 바

〈표4〉 인기 바의 비결과 포인트

구분	내용	
	인기비결	포인트
음식이 자랑인 BAR	주류뿐만 아니라 전문 음식도 맛볼 수 있는 레스토랑바, 내부가 밝고 청결해 여성 혼자서도 즐길 수 있는 바일수록 남성 고객이 많다. 술과 스윗츠의 참신한 조합으로 인기부가, 풍부한 디저트 메뉴와 함께 카레와 파스타 같은 요리 메뉴도 매력적으로 제공한다.	카운터와 테이블의 폭을 넓혀 느긋하게 식사를 즐길 수 있게 한다. 화장수 등과 같은 편의용품과 짐을 넣는 바구니, 향이 나는 물수건 등 여성을 의식한 배려로 꼼꼼히 챙긴다. 술과의 조합으로 술을 즐기는 새로운 방법을 제안한다. 바 내부는 그다지 넓지 않더라도 카운터와 좌식자리 등 상황에 따라 이용할 수 있게 한다.
분위기에 중점을 둔 BAR	내부에 카운터와 커다란 테이블석이 준비되어 있어 혼자서든 여럿이든 즐길 수 있게 한다. 카운터에서 마스터와 록에 대해 이야기를 나눌 수 있게 하는 것도 한 가지 즐거움이다. 고객대상에 따라 맞춤형 서비스 제공과 바의 분위기도 고객의 수준과 요구에 따라 차별화한다.	전통 클래식을 연상시키는 이미지로 꾸민 내부 분위기를 통해 펼쳐지는 안락한 분위기와 다채로운 오리지널 카테일 등 분위기를 철저하게 의식해 제공한다. 이국적 요리를 중심으로 한 음식 메뉴도 느낌을 강하게 어필한다. 백바의 술병 진열장 옆에 진열되어 있는 각종 CD로 바의 분위기를 한층 돋운다. 저음을 중시한 스피커에서 하드록을 중심으로 1970년대의 록과 블루스 등이 분위기를 압도하도록 한다.
개성이 빛나는 BAR	세련된 내장의 입식 바, 맥주와 포도주, 식전주(食前酒) 외에 순미주와 음양주 등의 컵술을 갖춰 놓고, 소믈리에 자격을 가진 정성 가득한 서비스도 인기의 요인으로 작용한다.	가벼운 마음으로 마실 수 있도록 계산은 캐시 앤드 딜리버리 방식을 채용하고, 차분하게 즐길 수 있게 한다.

선택 (성공 포인트)	음식+분위기+개성+서비스 +중저가 상품메뉴 다양화

〈표5〉 좋은 와인점, 운영하고 싶은 와인전문점 콘셉트

1. 경영하고 싶은 컨셉	
취미를 표현하고 싶다. -음악이나 인테리어 등 자신이 좋아하는 것에 둘러싸여 지내고 싶다. -같은 취미를 가진 사람들과 대화를 즐길 수 있으면 좋겠다.	내 실력을 시험하고 싶다. -술에 대한 지식이라면 누구에게도 지지 않는다. -레스토랑에서 일한 경험을 살려 정통 요리를 즐길 수 있는 바를 만들고 싶다. -요리에는 자신이 없지만 경영에는 자신이 있다.

2. 무엇을 할 수 있는지 생각	
하고 싶은 일이 떠올랐다면 구체적으로 무엇을 할 수 있는지 전략을 구체화한다. 지금은 얼마나 있는가, 경험은 어느 정도 있는가, 기술과 지식은 어느 정도인가, 혼자서도 할 수 있는가, 스태프를 고용할 것인가 등 하고 싶은 일에 대해 다각적으로 접근하도록 한다.	
-CD와 레코드는 산더미처럼 많이 가지고 있거나 라이브 연주를 하고 싶다. -인테리어 컬렉션을 모두에게 보여주고 싶다. -커다란 모니터로 스포츠 중계를 보여준다.	-객석이 좁아져도 좋으니 주방 시설을 충분히 갖추고 싶다. -커다란 술병 진열장을 높고 싶다. -술을 최소한으로 하고 객석 공간의 여유를 중시하고 싶다.

3. 콘셉 결정	
무(無)의 상태에서 콘셉을 결정하려 하면 반드시 무리를 하게 된다. 이런 단계를 거치며 어느 정도 방향성을 발견할 수 있다면 콘셉트 구상도 상당히 원활하게 진행될 것이다.	
-마니아만이 모이는 록바 -소파의 편안함을 즐기는, 의자를 중요시하는 바 -모두가 열광하는 스포츠바	-정통 요리의 진수를 즐길 수 있는 레스토랑 바 -칵테일이 중심인 정통적인 칵테일바 -회전율로 승부하는 스탠드바

II

와인바 경영환경

1. 국내 경기현황과 와인바 영향

1) 와인산업의 내부동향

한국 경제는 1997년 외환위기, 2003년 카드대란, 2008년 글로벌 금융위기 이 세 번의 경제위기로 내수(소비+투자)의 몰락을 가져왔다. 1989~1997년 연평균 7.4%에 달했던 잠재성장률은 1998~2007년 4.6%, 2008~2013년에 3.5%로 뚝 떨어졌다.

2007년 이후 1인당 국민소득이 10년째 '2만달러의 함정'을 헤매면서 장기 저성장에 대한 우려가 대두되는 이유이다. 그중에서도 가장 심각한 것은 소비와 투자의 역주행이며, 소득 정체와 고용 부진, 부동산 경기 침체와 가계부채를 만들어낸 원인이다(현대경제 연구원, 2017). 민간소비가 외환위기 이전까지 잠재성장률에 기여한 비중은 4%p대를 유지했지만 2008년 이후에는 연평균 1.3%p로 줄었다. 이 같은 소비 위축으로 연간 100만개의 일자리 기회가 사라지고 있다는 게 현대경제연구원의 분석이다.

3%p 안팎이던 투자의 성장 기여도도 0.2%p로 완전히 바닥권으로 추락하였다. 이 같은 내수의 몰락은 고가주도의 와인바 경영에 직격탄을 받고 장기간 지속되면서 2010년 이후 전문고급 와인바들이 계속 문을 닫고 있는 이유이다. 이는 점차 정부의 경기부양책으로 서서히 나아지고 있지만 당분간 지속될 것으로 예상되고, 성장자체가

고성장시대에서 저성장시대로 변한만큼 이들 소비감소 추세에 맞추어 와인바 경영 또한 고가에서 중저가로의 전환과 이에 맞는 상품과 고객측의 다양화를 통한 대변화가 요구된다.

〈표6〉 거시환경 분석

정치적/법적 환경	경제적 환경
-각종 기업지원/ 규제정책 심화 -접대문화 퇴색에 따른 매출감소 -FTA체결로 국내와인수입단가 낮아져 와인음용 인구 증가	-성장율 둔화 경기감소 -소비수준 감소에 따른 지출억제 -할인점 중저가 판매양산으로 고가 와인바 이용감소로 부정적 영향
사회/문화적 환경	기술적 환경
-소비자 라이프스타일 변화 -사회적 트랜드로서의 클럽문화, 큰 바 등으로 전환 -와인의 저가 할인점 대량판매에 따른 전문와인바 시장 소비문화 퇴색	-신기술발전 음악, 음식, 주류 복합화 심화 -인터넷/디지털 환경변화로 인한 신기술 음향기기 선호 -와인클럽 저변으로 와인정보교류의 장 확산 및 다양화

2) 와인산업의 외부동향

세계적으로 와인시장은 사람들의 건강에 대한 관심과 웰빙 문화, 여성의 사회적 지위 향상 등의 이유로 성장하였으며, 와인이 강한 문화적 트렌드로 자리잡아감으로써 국내에서도 와인 소비가 증가하고 있는 추세이다(차석빈·김홍빈·이승헌, 2012). 또한, 오늘날 세계 음주 문화는 알코올 도수가 높은 고도주에서 저도주로 변하고 있는 추세이며 적당량의 와인섭취가 건강에 이롭다는 연구결과는 와인소비의 증가를 촉진시키고 있다(Peregrin, 2005; 이상희·이형룡, 2012).

우리나라는 2000년대 FTA체결로 인해 칠레산 와인이 낮은 가격으로 수입되면서 와인의 대중화에 많은 도움이 되었다(이채은·박영배, 2012). 와인 소비추세를 보면 사회적 지위, 식생활의 서구화, 좋은 이미지, 와인의 대중화, 온라인 동호회와 와인 관련 각종 사교모임의 활성화, 와인에 대한 전문적인 지식을 갖춘 와인 음용가, 애호가, 전문가 그룹 형성 등의 여러 가지 사회문화적인 요인에 기인하여 와인 소비시장이 크게 성장해오고 있다. 또한 국내의 와인 소비문화는 술에 취하는 즐거움보다는 레스토랑에서 음식은 물론이고 와인에 대한 지적 호기심까지 채우려는 사람들이 증가하는 추세로 변모하고 있다(고재윤·정미란, 2006; 이상희·이형룡, 2012; 유병호·황조혜, 2012).

와인시장의 성장배경은 건강을 중요시하는 현대 소비자들의 알코올 함량이 낮은 술을 찾는 음주문화가 확산되는 것이 와인 수요증가의 주요인으로 들 수 있다(서진우·허경숙, 2010).

그동안 우리나라는 와인수입을 유럽의 프랑스, 스페인, 이탈리아 등에서 수입하였다(대한주류공업협회, 2017). 그러나 2004년 4월 1일부터 발효한 한-칠레 자유무역협정(FTA)으로 인해 특히 칠레와인은 관세가 해마다 점진적으로 인하되 5년 후인 2009년 완전히 철폐되 15%의 수입관세가 없어지게 되면서 상대적으로 한국 와인시장에서 다른 와인보다 유리한 고지를 점하게 되었다.

특히, 2003년 국내 최초의 서울와인엑스포가 3월에 개최되어 와인의 대중화에 한몫을 하고, 2005년도는 5월에 COEX와 힐튼호텔 컨벤션센터에서 와인 박람회가 2건, 11월 서울 학여울 무역전시관에서 1건이 개최되기도 했다. 이것은 국내 와인시장의 성장을 도모하는 활발한 움직임이며, 와인 소비문화가 정착하는 단계라고 할 수 있다.

2. 와인산업 소비 영향 요인

1) 경제적 요인

1998년 IMF를 맞아 국내 경기는 경제적으로 매우 큰 어려움을 겪었으며, 이는 모든 경제적 변인들에 큰 영향이 나타났고, 와인의 소비도 물론 IMF의 영향에 의해 감소되었음을 알 수 있다.

1997년 말부터 경기침체로 인하여 경기에 대한 불확실성이 증대하였으며, 1999년부터 경기가 차츰 회복되면서 다소 호전되기는 했지만 낮은 경제성장률, 저소득, 고실업 등으로 국민경제는 어려움에 직면하고 있다. 물론 와인소비량에도 영향을 미쳤다.

주류 전문가들은 술 선호도의 변화가 가장 크게 일어나는 시점을 생산형에서 소비형으로 질적 변화를 나타내는 국민 연간 소득 1만 달러의 전후시점으로 본다. 우리나라도 순한 술을 선호하는 음주문화가 확산되고 와인은 이제 '특권층의 술'이라는 통념이 점차 무너진 가운데 최근 몇 년간 와인의 소비가 급격하게 증가하는 추세를 보여 왔다.

경제성장에 따른 소득과 가처분 소득의 증가는 소비패턴을 고급화, 서구화, 편익추구의 방향으로 변하게 하였으며, 고도의 산업화가 진행되면서 국내·외의 외식산업은 비약적으로 발전하고 다양해졌다. 또한 여성의 경제활동 비율이 매해 늘어나고 식사를 끼니의 수단이 아닌 여러 맛을 찾아 즐기는 사람들이 늘어남에 자연스레 외식을 하는 인구가 늘어나게 된 것이다.

또한 국내 주류 출고량이 1978년 이후 전체적으로 꾸준히 늘고 있는 점에서 미루어 짐작할 때 점차 낮은 도수의 술을 원하는 소비자들의 선택의 폭이 와인에까지도 넓어질 것이라는 예상이다.

특히, 1970년대 말에 서구식 패스트푸드의 국내 상륙은 청소년과 어린이들의 음식문화를 바꿔 놓았다고 할 만큼 식생활에 커다란 영

향을 미쳤으며, 소득이 증가할수록 국민들의 식생활패턴의 변화가
왔으며, 이것을 요약·정리하면 다음과 같다.

〈표7〉 시대별 식생활 라이프사이클 변화

구분/연도	1인당 GNP	식생활변화추이
1950년대	81달러	기아시대, 생존목적, 식료품 부족
1960년대	210달러	기아시대, 라면등장, 낙농품, 맥주, 통조림, 식용유, 산업발달
1970년대	1,640달러	영양시대, 영양가와 맛의 추구, 건강지향성 식사
1980년대	4,800달러	합리화시대, 육류소비증가, 인스턴트식품, 레토리트식품, 패밀리레스토랑 등장
1990년대	10,000달러	무화식 시대, 미식의 추구, 기능적 소비
2000년대	12,000달러	웰빙시대, HMR, 음식과 미추구
2010년대	23,000달러	창의시대, 건강, 즐기는 문화 선호
2020년대	30,000달러	웰빙, 합리적 소비, 건강식 선호

성장정체, 경제 양극화 심화, 사치품목 소비대폭 하락, 소비위축, 장기 저성장
에 따른 소상공 취약계층 영업하락 지속, 고가추구 규모있는 와인클럽 폐쇄급
증, 중저가 업체 위주와 록바, 쇼바의 중저가 상품위주로 영업

2) 사회적 요인

사회적 요인으로 주5일 근무제와 평균가구원수를 들 수 있는데 첫째, 주5일제 근무는 선진국을 비롯한 각국에서는 실업 감소, 내수진작 등의 이유들로 인해 근로시간을 단축하고 있다.

대부분의 선진국들은 국민소득 1만 달러를 넘어서는 시점에서 도입여부를 논의하기 시작하였으며, 시기적으로는 1990년대 후반에 집중적으로 도입하고 있다.

우리나라의 경우 한국의 법정 근로시간은 현재 주당 40시간으로 아시아의 경쟁국들과는 비슷한 수준으로 실제로 법정근로시간 이외에 초과 근무시간이 많고, 휴일 일수가 적은 실정이다(김성섭·전혜진·황지영, 2004).

토요일 근무의 효율성에 대한 문제제기와 장시간 노동으로 인한 삶의 질, 사람들의 여가욕구 및 자기계발에 대한 욕구충족의 측면에서 점진적으로 휴일을 늘리고 근무시간을 줄여가고 있으며, 2002년에 이어 은행 및 국가기관의 주5일 근무제를 실시하였고, 2005년도부터 1,000명 이상 사업장은 주5일 근무제를 실시하고 있다.

우리나라에서의 주5일 근무제 시행은 노동의 축소와 자유시간에 대한 인식과 욕구가 현저히 증대됨에 따라 우리의 모든 산업에 크게 영향을 미치고 있다.

또한 평균 가구원수로 한국 가족의 변화는 한국 사회의 변화와 밀접한 관련을 갖는다. 한국사회는 지난 40여년간 모든 분야에서 많은 변화를 겪은 시기이며, 이 기간 동안의 광범위한 사회적 변화는 가족제도에도 영향을 미쳤다.

특히 해방이후 지금까지 급속한 공업화와 도시화 과정에서 사회이동 현상이 확대됨에 따라 가족도 가구 형태와 구성원의 인간관계 등 여러 면에서 상당히 변화하였으며, 부부와 자녀 중심의 핵가족 또는 중가족의 형태가 눈에 띄게 증가하였다.

젊은 세대로 갈수록 직업이나 경제적 조건에 따라 결혼이 아니더라도 독립해 사는 경우가 늘고, 핵가족화 현상이 빠르게 진행되어 조부모와 자녀가 함께 사는 3세대 이상의 가구수는 크게 감소하고 있으며, 단일 세대의 부부 중심 가족이 주류를 이루고 있다.

또한 과거 평균 3~4명 이상이던 자녀수가 1~2명으로 감소했으며, 한 자녀를 둔 가정이 크게 증가하고 있다.

아이 없이 부부만으로 살아가는 딩크족(DINK: Double Income No Kids)도 늘어나고 있으며, 평균 가구원수는 1975년 이후 다섯 차례의 조사에서 지속적인 감소현상이 나타나, 핵가족화로 인하여 우리나라의 가구당 인구수가 계속 감소하고 있음을 보여주고 있다.

한편, 국민 가처분 소득은 처음 조사가 실시된 1970년부터 2000년까지 30년 동안 약 160배 정도 증가한 것으로 나타나서 이 기간 동안의 인구증가를 감안할 때 일인당 가처분소득은 이 기간 동안 140배 이상이 된 것으로 보인다.

늘어나는 소득을 국민들은 생활의 질을 높이는데 투자하면서 외식과 와인소비에도 영향을 미치고 있다.

3) 문화적 요인

문화적 요인은 소비자 행동에 가장 폭넓고 깊게 영향을 미치는 요인 중에 하나이다. 문화가 소비자 행동에 미치는 영향의 중요성을 처음으로 인식하여 그 중요성을 강조한 사람은 경제학자 Dusenberry였다.

그는 "인간의 행동은 대체로 문화적으로 결정되며, 거의 모든 구매는 신체적인 안락함을 제공하였거나 또는 문화 속에서 요구되는 어떤 역할을 수행하기 위하여 행해진다."고 하였다.

소비자는 성장해감에 따라 집단의 규범과 문화적 가치를 학습한다. 또한 젊고 활동적으로 보이려는 열망은 '젊게 보인다' 라고 공고하는 화장품을 구매하거나 헬스클럽에 등록하도록 설득하고 있다.

국내 와인시장이 폭발적으로 성장하는 것은 사회·문화적 변화요인을 우선 손꼽을 수 있다. 소주 위스키 등의 폭탄주로 대변하는 빠른 원샷의 독주형태의 음주문화의 반대개념인 느림문화를 대표하는 음식으로 포도주 등의 저 알코올 음료시장의 확대라는 결과를 가져왔다(Lee, Zhao & Ko, 2005).

민주화와 다양성을 인정하는 문화와 여성의 사회참여의 증가로 인한 알코올 소비대상자의 다변화는 여러 요인들과 결합하여 와인 소비를 촉진시키고 있다.

소득이 증가하면서 음식에 대한 양적 욕구에서 질적 욕구로의 변화 중 가장 큰 특징적인 것은 건강에 대한 관심의 고조이다(방진식·조경숙, 2001).

1992년 미국 CBS 방송의 '60분'이라는 프로에서 프렌치 페러독스(French Paradox)가 보도되면서 레드와인이 급증하였으며, 1996년 KBS방송국의 '생명의 신비'라는 언론매체가 레드와인이 동맥경화 심장병 등 각종 성인병의 예방에 효과적이라는 내용을 집중 보도하기 시작하면서 레드와인을 중심으로 와인 소비가 급격히 늘어났다.

또한 국제화 추세 속에서 젊은 층을 중심으로 서구 음식문화에 대한 관심이 높아지고 비즈니스맨, 전문직 종사자 등 소득이 높은 계층에서 와인을 선호하고 있다(Beverland, 2002).

주류 중 저알코올이면서 고가주에 속하는 와인은 생활수준의 점진적인 향상과 더불어 일부 소비층을 중심으로 시장이 확대되었으며 이는 더욱 새롭게 재편될 것으로 보인다.

그러므로 와인은 술이 아니고 식문화로 이해하는 것이 바람직하며, 와인을 비롯한 건강관련제품에 대한 소비가 많아지고 있으며, 연령별로는 기혼남성의 나이가 많을수록 건강에 대한 관심과 행동이 높아지고 있다.

Well-being 은 말 그대로 건강한(well, 안락한·만족한) 인생(being)을 살자는 의미이다. 사전적 의미로는 행복이나 안녕, 최근에는 바쁜 일상과 인스턴트식품에서 벗어나 건강한 육체와 정신을 추구하는 라이프스타일이나 문화 코드로 새롭게 해석되고 있다(맹한승, 2004).

국내는 1997년 말에 웰빙이 도입되었으나 외환위기를 겪으며 경기침체, 경제적 위기상황 등으로 인하여 잠시 주춤한 모습을 보였지만 2003년 식품·의류·피부관리·향수·스파 등 다양한 상품이 인기를 얻고 보급되어 대중 속에 웰빙 트렌드로 정착되었다.

무엇보다도 젊은 세대 가치관 변화에서 웰빙 경향은 더욱 현저하게 드러난다(LG주간경제, 2004).

3. 와인바 동향

1) 소비 트렌드

감성형 마케팅 전략을 축으로 와인바의 문화공간화, 고객만족과 감동의 고객니즈 부응, 웰빙과 친환경의 가치창출 부여 및 경기양극화 전략을 통한 성장한계 극복, 신고객주의 대두 및 사업구조의 다변화 추세에 따른 와인바 영업 동향을 도식화하면 다음과 같다.

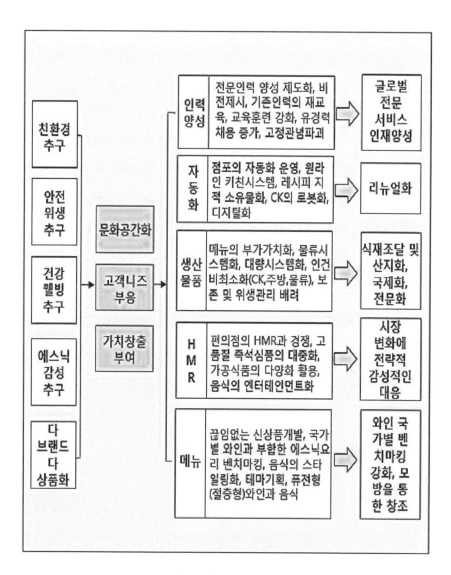

〈그림2〉 와인바 영업동향

또한 기업주의 종말, 신고객주의 대두, 사업구조 변화에 따른 고객과 사업구조의 변화를 살펴보면 다음과 같다.

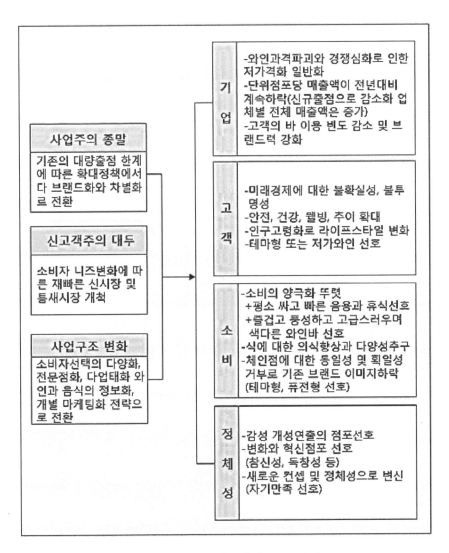

<그림3> 고객, 사업구조 동향

2) 경영환경

이러한 와인시장의 변화와 동향을 토대로 사업환경(SWOT)을 정리하면 다음과 같다.

〈표7〉 사업환경(SWOT)

STREGTH	WEAKNESS
-Only One의 차별화된 경쟁력/복합화, 경쟁바와의 경륜, 입지, 시설의 차별화 -CEO의 인맥과 음악서비스 부가제공 -전통이미지로 고정고객 다수 유지 -경영진의 Know-how System 적용 +선진화 되어 있는 메뉴 최고의 상권가 입지	-고객, 시장 트렌드 변화 가속화 -매출축소에 따른 인력수급 및 관리비 부담 +비정규직 관리체계와 Risk Management 대응필요 -중심상권 임대료 상승으로 손익부담 +월세 비중 증가와 권리금 상승 -변화 대항력 낮고, 갈수록 경영환경 악화
OPPORTUNITY	THREAT
-강남 중심가 와인바 불황심화에 따른 대체상품 발굴 가능성 충분 -경쟁 와인바 구조조정 지속: 폐점/전업 -불황기 구조조정으로 잠재 수요확대 -Slow food 산업대두에 따른 신시장 창출 +건강, 기능성 중시	-소비자 주권강화-고객접점 사업 대응체계 강화 -경기불황 지속, 소비격감-제2의 IMF위기 고조 -와인바 시장 경쟁환경 심화 -새로운 경쟁환경의 도래- "New entry" 등장

와인바 영향	고가상품 → 저가상품 규모확장 → 규모축소 마케팅 타켓 중심 제한적 수행 → 다양한 매체활용 실시간 지속 서비스 상품 제한 → 서비스 상품 다원화 고객소비지출 증대 → 소득위축으로 음용자제 축소

III

와인소비 현황 및 시장동향

1. 소비의 패턴 및 변화

1) 소비자의 소득수준에 따른 분류

한국의 소득수준에 비례한 계층분류를 보면 직업별로 4계급 범주·8계급 집단으로 나눈다(조돈문, 2005).

4개의 범주와 8개의 집단은 자본가(중자본가, 소자본가, 영세자본가), 쁘띠부르주아, 중간계급(전문경영인, 비관리전문인, 비전문경영감독인), 노동계급이다.

<표8> 한국의 계급과 특징

상류계급 (자본가계급)	중간계급(중산층)			노동자계급(서민층)	
	상류 중산층	안정적 중산층	불안정 중산층	상층 노동자층	하층 노동자층
장기간에 걸친 부의 축적, 대기업체 또는 국가권력과 밀접한 관계	고액임금 전문직 관리직 중소기업 기업주 독립자산가	임금종사자 자영업자	중소기업 비정규직	대기업 고임금 정규직 노조가입	중소기업 저임금 비정규직 노조비가입

오늘날 한국사회에는 뚜렷한 계급이 존재하기보다는 소득과 직업에 의해서 사회적 위치가 결정되는 경향이 강하다.

최상류층에 해당하는 재벌가 자손이 아닌 이상 대대손손 물려 내려오는 집안 배경이나 재산에 의해 자신의 계급이 결정되는 경우는 드물고, 본인이 어떤 학교를 졸업하고 어느 직장에서 일을 하며, 연봉이 얼마인지에 의해 사회적 신분이 결정된다.

그리고 중산층을 정의하는데 있어서 가장 중요한 조건은 중산층의 생활을 가능하게 하는 경제적 자본이고, 안정된 직업과 일정한 소득 및 주거의 안정 등이 기본 요건이다.

중산층의 정체성은 대형자동차, 스포츠센터 회원권, 골프회원권과 같은 '지위 소유물' 그리고 가족과 함께 연극, 미술전시회, 영화 관람을 하는 것과 클래식 감상을 하는 것, 악기 교육의 수혜 여부, 미술품의 소장 여부 등과 같은 '성장기 문화적 자본' 과 매우 밀접한 관련이 있으며 사회적 자본으로는 '자발적 결사체의 참여' 가 정체성 형성과 관련이 있다(남은영, 2007).

따라서 한국인의 와인소비문화를 파악하기 위해서는 위와 같은 계급 분류기준을 참고할 필요가 있다. 즉, 예술적인 흥미, 취향, 기준, 활동 등은 사회계급과 관련되고 이는 계급 내에서의 개인의 소속을 확고히 한다는 점에서 참고할 필요가 있다(DiMaggio & Useem, 1978).

특히 각 집단마다 소비하는 와인의 종류, 가격 등 정도에 있어서 다소 큰 차이를 보이지만 특정 계급은 와인을 마실 능력이 있고 다른 계급은 불가능한 것이 아니기 때문에 고급승용차, 골프회원권과 같은 지위 소유물로서의 기준으로만 뚜렷이 구별되지는 않지만 어느 정도 범주화는 가능하다.

2) 와인 소비유형별 분류

한국인의 주요 와인소비유형을 도표로 나타내면 다음과 같다. 도표에서 의미하는 高, 低는 높고 낮음의 절대적 기준이 아니라는 점이다. 즉, 어느 만큼의 가치를 두고 고려하는지 의 정도를 표시하고 있다.

예를 들어 高 가격, 高 품격은 비싼 와인을 가격에 별로 구애받지 않고 마음대로 선택하며 와인이 지니는 품격의 이미지를 상당히 고려하면서 소비한다는 의미이다.

또한 低가격, 低품격은 가격에 민감한 편이라서 싼 와인을 선호하기도 하지만 굳이 비싼 와인이 아니더라도 만족하면서 마시고, 품격을 따지면서 와인을 음용하기보다 편하게 즐기는 타입을 뜻한다.

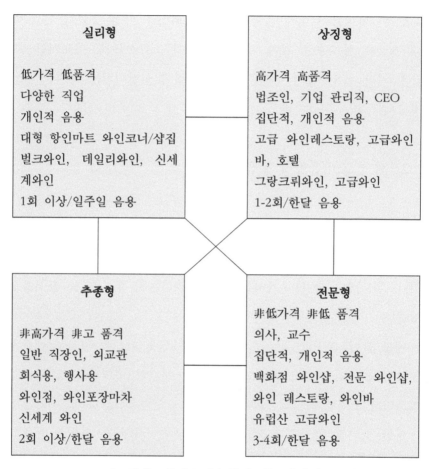

<표>
실리형	상징형
低가격 低품격	高가격 高품격
다양한 직업	법조인, 기업 관리직, CEO
개인적 음용	집단적, 개인적 음용
대형 할인마트 와인코너/샵집	고급 와인레스토랑, 고급와인
벌크와인, 데일리와인, 신세	바, 호텔
계와인	그랑크뤼와인, 고급와인
1회 이상/일주일 음용	1-2회/한달 음용
추종형	전문형
非高가격 非고 품격	非低가격 非低 품격
일반 직장인, 외교관	의사, 교수
회식용, 행사용	집단적, 개인적 음용
와인점, 와인포장마차	백화점 와인샵, 전문 와인샵,
신세계 와인	와인 레스토랑, 와인바
2회 이상/한달 음용	유럽산 고급와인
	3-4회/한달 음용

〈그림4〉 와인소비유형의 기호사각형

이는 한국인 와인소비자의 유형을 그레마스(Greimas)의 의미생성
모델인 기호사각형에 기대어 재분류한 것이다. 기호사각형은 상대적
인 두 항의 관계를 반대, 모순, 전제 세 가지로 요약하고 있다(유기

환, 2007). 주요 소비유형인 실리형, 추종형, 전문형, 상징형을 그레마스의 기호사각형 비추어 해석해 보도록 한다.

위의 사각형에서 실리형과 상징형, 추종형과 전문형은 반대 관계를 맺고, 실리형과 전문형, 상징형과 추종형은 모순관계를 맺으며, 전문형과 상징형, 추종형과 실리형은 전제 (함축)관계를 맺는다. 예를 들어 상징형을 검정색이라고 해보면, 반대관계에 있는 실리형은 흰색이다. 이때 전문형은 非흰색이고 추종형은 非검정색이 된다. 삶과 죽음, 부와 가난 등도 같은 맥락에서 살펴볼 수 있다.

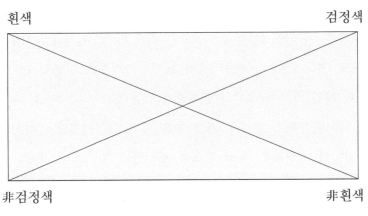

〈그림5〉 기호사각형의 논리

(1) 반대관계

실리형과 상징형은 서로 반대관계를 이룬다. 이들은 와인을 마시면서 추구하는 바가 상이하다. 상징형은 '돈 있는 사람들이 품격 있는 술자리에서 가격에 구애받지 않고 비싼 와인을 골라 마시는' 행위, '와인을 마시는 것은 우아하고 고급스럽기 때문에' 본인의 경제력에 무리가 가더라도 '비싼 와인' 을 마시는 행위 등을 포함한다. 이런 측면에서 실리형은 완전히 반대되는 모습을 보인다.

추종형과 전문형 역시 반대관계에 있다. 전문형은 품위를 지켜주는 주류로서 와인을 대하지만, 가격으로부터 완전히 자유롭지는 않다. 그랑크뤼 와인을 선뜻 고르지는 않아도 중·고가의 와인을 마시는 편이다. 이들은 아주 싼 와인은 기피하되 동료들끼리의 모임에서도 와인을 소비하는 경우가 많다.

그런데 추종형은 와인을 마시는 이유로 품격을 생각하기는 하지만, 저렴한 가격에 더 비중을 둔다. 비교적 싼 신세계와인을 주로 음용하고 집단적으로 소비할 때가 많다. 그러므로 추종형과 전문형이 서로 섞일 가능성은 거의 존재하지 않는다.

예를 들어 몬테스 알파를 가장 좋은 와인으로 여기면서 마시는 추종형 집단의 사람들은 샤또 딸보를 웬만한 와인으로 생각하고 음용하는 전문형 집단의 사람들과는 다른 집단이다.

그리고 한국인들의 와인소비는 상징형, 실리형처럼 극으로 치닫는 형태보다는 품격을 조금 더 고려해서 마시는 전문형과 가격적 측면에 좀 더 민감한 추종형 집단이 큰 비중을 차지한다.

따라서 와인업계에서는 몬테스 알파로 상징되는 추종형 집단은 그 집단대로, 샤또 딸보를 선호하는 집단은 그 집단 자체로 인정하는 자세가 요구될 것이다. 몬테스 알파를 마시는 사람들을 고가의 와인을 마시는 집단으로 이동시키려는 시도는 무모한 것일 수 있다.

(2) 모순관계

상징형과 추종형은 서로 모순관계이다. 상징형이 검정색이라면 추종형은 非검정색이다. 그리고 실리형과 전문형 역시 모순관계에 있는데, 실리형이 흰색이면 전문형은 非흰색이다. 검정색과 非흰색처럼 상징형은 전문형과 통하는 면이 있고, 흰색과 非검정색과 같이 실리형은 추종형과 관련이 있다.

상징형이 고가의 와인을 선호하고 품격을 상당히 고려하는 와인 소비형태를 보이므로 추종형은 非 고가와인, 非 품격의 고려이다. 따라서 고가의 와인을 선호하지는 않으며 품격을 중요하게 고려하지는 않는다.

(3) 전제-함축 관계

전문형은 경제적 자본만 충분하다면 상징형으로 옮겨갈 가능성이 크고, 추종형은 개인적으로 소비할 때 품격을 전혀 고려하지 않고 값 싼 와인을 마시는 실리형이 될 수 있다는 점에서 전문형과 상징형, 추종형과 실리형은 각각 전제(함축)의 관계를 맺고 있다.

따라서 개인적 취향에 따라 가격에 구애받지 않고 와인을 선택하는 상징형으로의 이동을 시도할 수 있다. 그리고 편하고 가벼운 마음으로 와인마시기를 해 온 추종형은 개인적으로 와인을 마실 경우 전혀 품격을 따지지 않고 싼 와인도 가격과 상관없이 맛있어하며 즐겨 마시는 실리형이 될 가능성이 있다.

(4) 유형의 이동

그레마스의 기호 사각형의 화살표에 의하면 와인소비의 유형은 다음과 같은 이동이 가능하다. 실리형→전문형→상징형, 또는 상징형→추종형→실리형이다. 그런데 와인소비가 취향적 성격이 강한 특징을 고려해 보면, 후자의 가능성은 극히 낮다는 것을 알 수 있다.

성공 및 실패와 관련된 요소나 금전적인 문제로 인해서 부와 권력을 상실하고 몰락한 후, 결국에는 가난한 최후를 맞게 되는 가능성은 충분하다. 하지만 기호품과 관련된 취향은 그 성격이 다르다.

그래서 와인소비매출을 늘리기 위해서라면 실리형 집단의 인구를 전문형으로 발전시키고, 그 다음 상징형으로 높이는 것이 유리하다.

앞에서도 언급했듯이 추종형과 전문형은 반대관계이기 때문에 소위 칠레산 몬테스 알파를 마시던 집단이 프랑스산 샤또 딸보를 마시는 집단으로 옮겨가기는 쉽지 않다. 가격과 품격에 관한 가치판단이 기본적으로 상이하기 때문이다.

하지만 습관적으로 가격과 품격에 무관하게 와인을 마셔온 실리형은 점차 와인에 대한 욕심이 생길 가능성이 있고 좀 더 비싼 와인, 좀 더 고급와인을 마시고 싶은 욕구를 갖게 된다.

(5) 집단 및 개인적 취향

위에서 살펴본 실리형, 추종형, 전문형, 상징형은 한국인들이 와인 소비현장에서 관찰되는 가장 빈번하게 목격되는 유형이다.

이는 일반적으로 한국인들이 와인을 마실 때 가장 중요하게 고려하는 것이 가격과 품격인 만큼 두 요인을 주된 기준으로 삼아서 도출한 네 가지의 압축적인 소비유형이다. 그리고 각 유형별로 관찰되는 주요 공통점을 파악하여 구성원들의 아비투스 및 취향을 분석한 것이다.

교수집단, 의사집단, 외교관집단, 법조인집단 등이 직업의 특성상 공통적으로 나타내는 와인에 대한 소비유형은 각각 전문형, 추종형, 상징형에 가깝다. 하지만 대체로 한 유형에 속한다고 판단되는 집단이 개인차원에서는 상황에 따라 다른 행동양식을 보일 수 있다.

또 본인의 직업으로 인해 고가의 와인을 선호하는 상징형적 소비를 주로 하는 사람이 개인적으로는 저가의 와인도 마다하지 않고 집에서 편한 옷차림으로 와인을 마시는 실리형인 경우도 있다.

심지어 와인에 전혀 관심이 없고 사적인 자리에서는 와인을 마시지 않는 사람도 본인이 속한 집단에 의해 꾸준한 추종형적 소비를 하거나, 와인을 싫어하지만 본인이 일하는 직장에서 양주 또는 고가의 와인만을 선호하기 때문에 본인 역시 집단의 영향을 받아 상징형적 와인소비를 하는 사례도 있다.

2. 와인소비 패턴

1) 와인소비 추이

국내 와인시장의 변화에 있어서 한국 와인의 역사는 매우 짧으나, 소비자의 주류 소비성향이 점점 고급화와 저도주 선호로 가는 현상으로 인해 수요규모는 괄목할만한 성장을 기록하고 있다.

첫째, 1970-1986년 국산 와인의 도입기로, '마주앙' 의 생산으로 본격적인 와인시장이 태동하고 1980년대에는 매년 30% 정도의 급격한 성장을 하는 등 이 시기의 와인은 상류층이 마시는 고급주류로 인식되었다. 둘째, 1987-1991년 수입시장 형성기로 1987년 포도주 완제품 수입쿼터제의 허용과 국산와인의 성장둔화 및 1990년에는 88서울올림픽을 전후하여 수입전면 개방을 통한 급격한 성장이 이루어졌다(방진식·조경숙, 2001). 셋째, 1992-1996년 1차 성장기로 와인 판매전문점의 등장과 국민 소득증가 및 건강에 대한 관심고조로 저도주의 판매가 증가되었으며 레드와인을 중심으로 한 와인시장이 확대되기 시작하였다. 넷째, 1997-1998년 침체기로 IMF 경제위기로 인한 급격한 소비감소 및 와인수입·판매전문점 경영위기로 시장이 위축됨과 동시에 1998년에는 전년대비 83% 수입 감소와 64%의 판매 감소를 기록하였다. 다섯째, 1999-2008년 2차 성장기로, 1999년 경기회복으로 인한 와인 소비심리 회복과 와인수요 증가로 시장의 재도

약 기틀을 마련하고 소비자 입맛의 고급화 및 다양화 추세와 더불어 젊은 층 중심의 와인붐 확대로 요약할 수 있다. 그러나 여전히 다른 선진국들의 1인당 와인소비량에 비해 14.3%의 낮은 수준에 머무르고 있다.

여섯째, 2009-2018년 3차 성장기로 FTA로 인한 남미, 유럽산 와인 공급가격이 낮아지면서 대형할인마트의 중저가 와인판매로 와인 대중화시대를 맞고 있다.

특히, 한국 주류 소비문화의 변화에 있어 한국 음용인구 1인당 와인소비량이 16.9%의 높은 성장률을 보이고 있다. 이는 저알콜 음주문화 확산 및 와인시장의 확대를 의미하고 있으며, 향후에도 지속적인 와인 소비증가가 뚜렷하다.

2) 와인 소비그룹 분류

Bruwer et al.(2002)은 와인시장의 소비자를 상음형 애호가, 과시형 애호가, 전문가, 실속형 애호가, 초보자의 5개 와인소비그룹으로 분류하였다. 또한 Moulton et al.(2001)은 소비자 행동과 시장 전략 연구에서 와인 소비자를 4개 그룹으로 분류하였다.

즉, <표9>와 같이 와인 소비자의 약 5%로 추정되는 와인전문가, 와인 소비자의 약 45%로 추정되는 와인 애호가, 와인에 대한 관심은 높으나 시음경험이 많지 않는 소비자로 와인 소지자의 약 35%로

추정되는 와인 초보자, 와인 생산국가에서만 존재하는 와인 소비자
로 특별한 이유 없이 습관이나 버릇처럼 와인을 마시는 소비자로 약
15%가 될 것으로 추정되는 단순 애음가로 분류하였다.

<표9> Moulton et al.의 와인 소비자 분류 및
내국인을 대상으로 한 소비자 분류

와인 소비자 분류		점유율	내용
Moulton et al.의 와인 소비자 분류	전문가	5%	와인에 대한 전문적인 지식 보유. 품질 지향적인 성향을 띠고 있다. 일부는 자기중심적이고 편파적인 성향이 있다.
	애호가	45%	와인에 대한 지식 갈구형. 호기심이 많고 개방적인 자세. 와인에 대한 많은 경험을 하고자 노력. 와인을 많이 아는 사람에 대한 열등의식을 가지고 있다.
	초보자	35%	와인에 대해 관심이 많지 않으며 자주 마시지 않다. 와인에 대한 조언이나 와인이 제공되면 그것을 이용하는 경향이 있다.
	단순 상음자	15%	와인에 대한 특별한 관심 없이 관습적으로 와인을 마신다. 위의 3개의 그룹이 전 세계에 널리 분포되어 있다면 이 그룹은 주로 전통적으로 와인 생산 국가에 존재하는 나이가 든 세대의 사람들이다.
내국인을 대상으로 한 소비자 분류	와인소비자		분류기준
	초보자		와인 음용 회수 월 1회 미만
	애호가		와인 음용회수 월 1-2회
	전문가		와인 음용회수 월 3회 이상

3) 소비재 와인의 특징

와인이 소비재로서 지니는 성격과 와인소비가 나타내는 특징을 보면, 경제자본에서 문화자본으로 전환하기에 용이한 항목들과 그렇지 않은 항목들로 나누어 '부유문화' 와 '취향문화' 로 나누기도 한다 (조돈문, 2005).

부유문화는 외국여행·스포츠클럽 회원권으로 구성되며 취향문화는 의생활·식생활·예술감상·스포츠 활동 등으로 구성된다. 취향문화는 사회화 과정에서 서로 다른 내용의 아비투스가 내면화되어 특정한 선호를 갖게 되는 문화인 반면, 부유문화는 개인의 취향으로 내면화되기보다는 고급문화의 소비행위를 위해 경제적 능력이 크게 요구되는 문화이다.

이것을 기준으로 보면, 와인을 마시는 행위는 취향문화에 가깝다고 할 수 있다. 소비문화에 관한 취향은 사회화 과정에서 취득되는 것으로서 주요 경로는 성장기 가정 내의 훈육과 가족 간의 상호작용을 통한 사회화, 비슷한 가정환경을 지닌 또래집단에서의 사회화, 학교에서 공식교육을 통한 사회화, 직장에서의 사회화로 나뉠 수 있다. 따라서 취향의 차원에서 와인을 살펴본다면 개인 및 집단적 취향의 형성과정도 파악하는 것이 가능해질 것이다.

와인소비는 욕망에도 기인한다. 지금까지의 연구들을 살펴보면 소비욕구나 필요 등에 대한 개념은 존재했지만, 소비욕망에 대한 개념화와 도입은 이뤄지지 못했다. 소비욕망은 소비욕구 등의 개념과는 달리 보다 근원적이고 심층적인 인간욕망에 대한 탐색으로부터 시작하고 소비행동을 향한 갈망의 본질과 역동적 심리과정을 설명할 수 있다.

소비욕망이란 '인간의 욕망이 투사되어 결핍을 채우거나 쾌락을 추구하기 위해 특정물의 소비를 갈망하는 상태'이다(이준영, 2009). 소비자는 자신의 욕망을 소비를 통해 투사한다(Aaker, 1997).

인간의 존재욕망은 소비를 통해 자아를 유지하고 자신의 정체성을 더욱 명확히 하고자 하는 형태로 나타나며(Goffman, 1961), 물건은 소비자가 자신의 정체성과 자아관념을 나타내는 수단이 된다(Wallendorf & Armould, 1988).

예를 들어 향수처럼 이성을 유혹하기 위해 소비하는 성적 욕망이 투사된 소비욕망이 있고(Dichter, 1964), 외부 사물 또는 사람에 대해서 힘을 가하고 통제를 하는 등 자신의 권력을 인정받기 위한 행동이 있다(Belk, 1988). 특히 산업사회에서의 소비는 소유의 한 형태로서 자아와의 적극적인 합체활동이라고 할 수 있다.

먹거나 마심으로써 물건을 합체시키는 것은 그 물건을 소유하는 원초적 형태에 해당된다(Fromm, 1976). 그리고 다른 사람과 같아지기 위해서 소비하거나 부러움을 해소하기 위해서 또는 남들의 부러움을 사기 위한 승인욕망의 소비욕망화가 존재한다(Higgins & Pham, 2005).

소비욕망은 '특정물의 소비'를 향한 것이고 '갈망하는 상태'를 일컫는다(이준영, 2009). 소비욕망의 형성 원인 중 결핍 해소의 요소에는 보상적 결핍, 상대적 결핍, 수요적 결핍 등이 있다. 그리고 또 다른 원인인 쾌락추구의 요소에는 환상성, 체험성, 순환성 등의 요소가 나타난다.

보상적 결핍은 지극히 내면적이고 심리적인 이유에서 기인하는 것으로서 정신적 우울, 공허감 또는 한으로 맺힌 응어리 같은 콤플렉스로 인해 형성된다.

4) 와인 소비현황

구매목적에 있어 우리나라 사람들의 경우 좋아하는 술과 즐겨 마시는 술에 있어서 남녀 간의 차이는 있으나 와인의 경우 모두 2~3배 정도 와인에 대한 선호도가 더 강하게 나타났다.

특히 선물로 주거나 선물로 받고 싶은 주류로서 와인은 남자의 경우 위스키와 거의 같은 수준인 25~30% 정도이고, 여성의 경우 50%대로 선물용으로서의 와인에 대한 선호도가 아주 높게 나타나고 있다. 따라서 이런 선물용으로 와인 구입시에 받는 상대방의 와인에 대한 지식수준에 영향을 받기도 하지만 주로 가격, 디자인에 많은 관심을 갖고 있다.

〈표10〉 수입 와인 Market별 가격 구조

(CIF 10$ 기준)

	일반적 소매상 이율	2018년	FTA적용 후
1	할인점 판매가 (이율 20~30%)	$ 22.22~27.21	$ 19.46~23.83
2	슈퍼마켓, 전문점 판매가 (이율 30~40%)	$ 29.30~33.81	$ 25.66~29.61
3	호텔레스토랑 판매가 (이율 50~300%)	$ 33.81~96.60	$ 29.61~84.60

주요 국가별 와인판매를 보면 2000년대 중반까지 최대 수출국이었던 프랑스는 이후 이탈리아에 1위 자리를 내주게 되면서 최근 스페인의 와인수출량이 빠르게 증가하고 있어 2위 자리도 위태로워 보인다.

반면, 수출액 기준으로는 주로 고가의 와인을 수출하는데 이탈리아, 스페인 등은 대중적인 저가와인을 대량 수출하기 때문에 프랑스가 이탈리아에 2배 이상 앞서며 압도적인 1위를 차지하고 있다.

프랑스 와인의 평균 수출가격은 병당(750㎖) 5.02(US달러)인 반면, 이탈리아와인은 2.15달러, 스페인와인은 병당 1.31달러로 프랑스산와인에 비해 50%이상 저렴하게 수출되고 있다. 프랑스는 비록 생산량, 수출량에 있어 세계 1위 자리에서 밀려나 있지만, 뛰어난 와인품질로 고가 와인 판매량으로는 세계최강국을 유지하고 있다.

전 세계 일반와인 가격대별 소비량 및 전망에 대해 살펴보면 〈표 11〉과 같다.

〈표11〉 전 세계 일반와인 가격대별 소비량

(단위 : 100만 상자, 9L들이 기준)

국가 (US달러기준)	2005년		2010년		2015년	
	소비량	점유비	소비량	점유비	소비량	점유비
5달러 이하	1,732	75.2%	1,700	70%	1,736	66.8%
5~10달러	426	18.5%	535	22%	630	24.3%
10달러 이상	144	8.37%	194	8%	232	8.9%
합계	2,302	100%	2,429	100%	2,598	100%

세계 와인소비추이를 보면 매년 영국은 수입량, 수입액 모두 1위를 기록하고 있다. 이는 세계 5번째로 와인을 소비하는데 비해 생산량이 거의 없어 전량 수입에 의존하고 있어 세계최대와인수입국이 되었기 때문이다.

2008년~2015년 기간 동안 영국의 수입 소비량 증가율은 5.90%로 지난 2003~2007년 기간의 12.42%에 비해 다소 둔화되었다. 독일의 경우에는 역대 1위의 수입국에서 영국에 밀려 2위를 하였다.

세계 6위 와인생산국이지만, 자체생산만으로는 와인수요를 따라가지 못해 상당량을 수입에 의존하고 있다.

미국의 경우에는 특이하게 세계 6위 와인 수출국이자, 수입 3위국이다. 이는 미국인들이 해외의 다양한 수입 와인을 즐김과 동시에 미국산 와인의 해외 수요 역시 많기 때문으로 분석된다.

그리고 미국과 일본은 고가의 와인 소비량이 많아, 소비량 대비 매출액이 타국가보다 높은 반면, 이탈리아와 독일 등은 5달러 이하의 저가와인 소비량이 많아 와인매출액은 소비량에 비해 낮은 편이다.

최근 주목받고 있는 국가인 러시아는 세계 10대 수입 와인 소비국 클럽에 가입했다. 와인소비가 2007년에서 2015년까지 34.3%의 빠르게 증가하고 있어 세계와인제조업체로부터 주요 시장으로 주목받고 있다. 세계 와인 종류별 소비량에 대해 살펴보면 〈그림6〉과 같다.

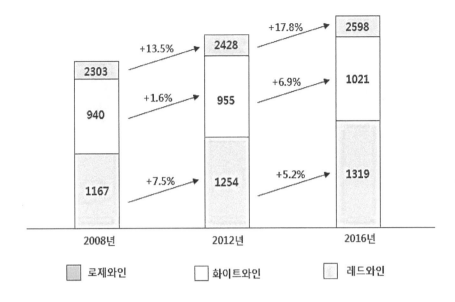

| | 로제와인 | | 화이트와인 | | 레드와인 |

〈그림6〉 종류별 와인 소비량

와인 종류별 판매동향을 보면 와인을 레드 와인, 화이트 와인, 로제 와인의 색상에 따른 세 가지 종류로 구별할 경우 세계적으로 레드 와인 51.7%로 가장 많이 소비되고 있으며, 화이트 와인은 39.3%, 로제 와인은 9%순으로 소비되고 있다.

현재 이 3종류의 와인 모두 2016년까지 소비량이 증가되고 그동안 판매량이 저조했던 로제 와인도 크게 증가되어 왔다.

지난 몇 년 간 한국 시장에서 와인은 연령대와 성별을 불문하고 크게 사랑받고 다양한 장소와 상황에서 소비되면서 9L 한 상자 기준으로 375만 상자에 달하는 량이 한해 소비되어 2003년 대비 104%나 증가했다.

Vinexpo/IWSR 연구에 따르면 한국의 와인 소비는 2008년에서 2015년 사이에는 더 꾸준히 성장세를 지속해 591만 상자에 달한 것으로 보고 있다. 한국와인소비현황에 대해 살펴보면 〈그림7〉과 같다.

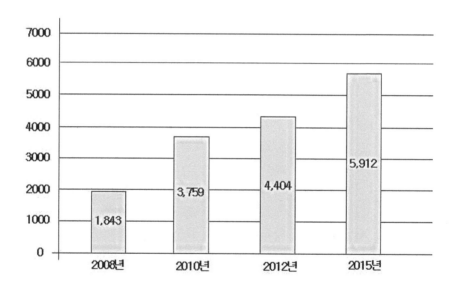

〈그림7〉 한국 와인 소비현황

각 종류별 소비내역을 보면 와인 소비 중 86.4%는 레드와인이 차지하고, 2015년 레드와인의 소비는 34.15%나 증가할 정도로 시장이 큰 폭으로 확대되었다.

수입 와인 소비 시장도 빠르게 성장을 하고 있는데 2007년 300만 병이 소비되던 것이 2015년에는 수입 와인이 500만병이 소비되어 10년 동안 국내 소비자들의 수입 와인 소비가 4배 늘어난 것이다.

한국의 색상별 와인 소비 현황에 대해 살펴보면 〈그림8〉와 같다.

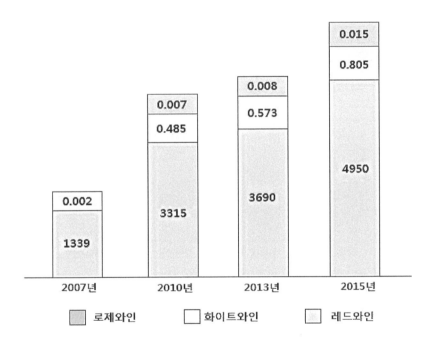

〈그림8〉 한국의 색상별 와인 소비현황

한국에서 일반와인판매로 올린 매출액의 경우 2007년 총 4억 3천 400만 달러였으나 2007년부터 2015년까지는 39.7%증가한 7억2천800만 달러에 달하는 것으로 나타나 고급 및 중급 와인 소비가 크게 늘어난 것으로 나타났다. 이는 와인 판매점, 와인 스쿨, 와인 클럽 등이 증가하면서 2015년에 이르러 소비량이 60%에 이르렀다.

한국의 매출 현황에 대해 살펴보면 〈그림9〉과 같다.

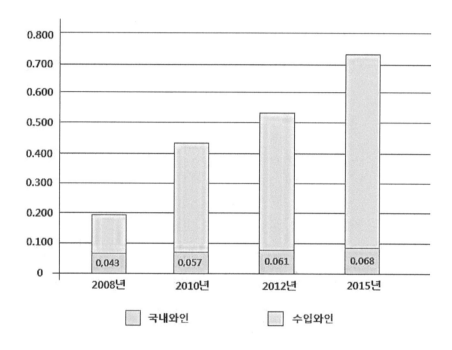

<그림9> 한국의 매출현황

5) 연령대별 와인소비 특징

한국에서는 일반적으로 20대 중반부터 대학교를 다니던 여학생들은 졸업을 한 후 취직을 시작하고, 남학생들 역시 20대 후반이면 취업을 위해 매진하는 때이다.

이들은 학교라는 울타리를 벗어나 사회로 진출을 하게 되고, 이전 과는 다른 새로운 인맥을 쌓으면서 사회생활을 시작하게 된다.

직장에서 함께 일하는 사람들을 제외하면 이들의 인맥은 연고가 있는 집단, 그리고 불특정 다수와 맺게 되는 집단으로 나눌 수 있다.

연고집단은 혈연, 지연, 학연 등의 일차적이고 생득적인 관계로 모이는 귀속적 집단으로서 동창회, 향우회, 종친회, 계모임 등이 포함된다. 자발적 결사체는 특정한 취미를 공유하거나 공동의 목표를 달성하기 위한 모임으로서 각종 동호회, 취미·스포츠·레저단체, 시민단체, 정당, 문화단체, 봉사단체, 이익단체, 지역사회 단체, 종교단체 등이 속한다(남은영, 2007; 이재열, 2006).

한 개인이 연고집단과 결사체 모두에 참여하는 유형을 복합형, 두 가지 모두에 불참하는 것을 고립형, 연고집단에만 참여하는 사람을 연고형, 연고집단에 참여하지 않으면서 자발적 결사체에만 참여하는 사람을 결사체형 시민으로 분류한 후 조사자 전체를 대상으로 한 결과, 연고형이 약 42%, 복합형 약 37%, 고립형 약 18%, 결사형 약 7%로 나타났다(이재열, 2006).

그런데 이를 연령별로 보면 20대에서는 고립형이 가장 많은 동시에 결사형 비율도 가장 높다. 인터넷을 통해 불특정 다수가 모이는 와인동호회에는 20대 중·후반의 회원들이 제일 많고 30대 후반 이상은 찾아보기 힘든 점도 이와 비슷한 현상이다. 연령범주별 연고집단과 자발적 결사체 참여유형은 다음과 같다.

〈표12〉 연령범주별 연고집단과 자발적 결사체 참여유형

(단위 : %)

구분	연고형	복합형	고립형	결사형
20대	41.3	22.5	25.6	10.6
30대	42.5	28.5	19.5	9.6
40대	43.4	35.6	14.7	6.3
50대	53.9	28.2	14.3	3.5

자료 : 한국사회학회(2016). 국민의식조사. 한국사회학회지.

40대는 20-30대 집단에 비해서 형성되어 있는 인맥이 더 안정적이며, 새로운 인적 네트워크를 개발하기보다 본인이 가진 것을 더욱 확고히 하는 시기이다. 40대가 사회적 연줄망의 필요성이 많은 시기이자 젊은 세대와 달리 경제적으로 여유를 갖게 된 안정된 연령대로 단체활동을 통한 사회적 자본을 활발히 추구하는 시기이다.

와인에 관심이 있고 좋아하는 사람들끼리 모이는 와인동호회도 취미활동을 위한 것이므로 자발적 결사체 활동으로 분류가 가능할 것이다.

이들 중에는 회원의 이동이 거의 없는 지인들끼리의 와인동호회를 운영해가고 있는 경우가 종종 있으며, 특히 와인에 조예가 깊은 이들끼리 만나는 동호회에서는 회원자격을 얻기가 쉽지 않은 경우도 많다. 이들은 본인이 소장하고 있는 와인을 모임에 들고 나와 함께 시음하고 맛에 대한 토론을 펼치기도 한다. 인터넷을 통한 불특정 다수를 대상으로 하는 와인동호회에도 40대가 주류를 이루는 모임이 별도로 존재한다.

직업은 회사 관리직, 예술가, 요리사 등 다양하며 와인을 마시기 위해 모이는 것 외에도 가끔 등산을 함께 가거나 미술작품을 관람하러 가는 등 정기적으로 참여하는 10명 내외의 소수정예 회원들이 주로 활발하게 활동한다.

한국사회에서는 점점 공연예술과 전시회를 진행하는 문화예술 공간이 늘어나면서 여러 세대에 걸친 다양한 연령대의 사람들이 공연장 및 전시장을 찾으면서 문화·예술 소비가 활성화되고 있다.

와인 역시 젊은 세대를 중심으로 적극적으로 소비하는 사람들이 늘어나고 있으며, 와인동호회 활동, 와인축제 및 파티 참가를 통해 자신들만의 여가생활 문화를 형성하는 요인으로 삼기도 한다.

현대사회에서 문화예술을 향유하는 것은 특정한 계급의 취향문화를 형성하는 동시에 상징적 지위를 획득하는데 주요한 요인이 된다 (Lamont, 1992).

20대 중·후반 또는 30대 초반의 집단은 스키, 사진, 식도락 동호회 활동을 하는 사람들도 있다. 가장 접근이 용이한 인터넷 카페를 통한 오프라인 모임에 참여하는 사람들 중 많은 수가 학생을 제외하면 여성은 약 26-28세, 남성은 약 28-33세이다.

대부분의 회원들은 개인 스키 또는 보드가 있고 그야말로 '틈만 나면 스키나 보드를 타러가는' 스키광인 경우가 많다.

〈표13〉 연령별 연고집단, 자발적 결사체 참여

(단위 : 점수)

구분	연고집단	자발적 결사체
20대	0.7969	0.3469
30대	1.0904	0.4575
40대	1.4684	0.6092
50대	1.5809	0.4378

자료 : 한국사회학회(2016). "국민의식조사", 한국사회학회지.

3. 국내 와인산업의 변화(트렌드)

최근 와인시장은 전문화 및 세분화, 그리고 새로운 업태가 다양하게 등장하는 추세이다. 예를 들면 복합화, 퓨전화, 클럽화 등 선택의 다양화와 자기만의 맞춤 바 등을 선호하는 경향이 그것이다.

〈표 〉 국내 와인산업의 변화

구분	과거	현재	미래
핵심 고객	베이비붐 세대 ('46~' 64), 방송PD, 기업임원	베이비붐세대의 20~30대 젊은층(개성파, 글로벌) 60세 이상의 Silver세대	1) 와인 브랜드 다각화로 소비가 더욱 세분화되면서 성장 속도 가속화 및 영역마다 경쟁심화 2) 복고적, 신토불이 메뉴 등 전통적 와인과 경쟁적 발전 3) 정보화 촉진에 따른 고객관리를 보다 체계적으로 하고, 네트워크 구축을 하기 위해 심화관리 및 마케팅 활용 4) 장기경기침체와 양극화로 고성장기대 곤란 5) 센트럴 키친(중앙 공급식 주방) 증가와 레토르트 식품(장기보존 가공식품)의 증가
소비 형태	소비위축, 저가주의와 모방소비(획일적), 스피드와 효율성 기준	개성화(탈일상화)와 탈일획화, 개성화와 소식화, 양보다 식사횟수 증가(1일 3식에서 5식화), 다이어트를 위한 편식화, 기능식화, 건강식화	
인구 동태 사회 구조	10-20대의 증가, 노인층의 점진적 증가 (13~15%), 핵가족화	Silver족의 증가(Silver 르네상스 시대 도래), Dink족의 증가(아이가 없는 맞벌이 부부), 10대 인구의 격감 현상, 이혼 및 독신증가에 따른 독신세대의 증가	

와인바 산업의 최근 트렌드를 보면 경제위기를 기점으로 많은 자영업과 창업으로 경쟁이 심화되고 와인 FTA에 의한 관세완화와 와인의 저가, 대량공급과 브랜드들의 국내 진출은 다소 낙후된 시장을 선도하며 업체별 생존을 위한 전문화, 대형화, 차별화, 복합화, 간편화를 인식하게 만들고 고객기호의 다양화를 가져왔다.

또한 와인산업은 해외 및 국내 대형업체들이 주도적으로 시장을 선점해가고 새로운 와인문화의 정착으로 차별화, 전문성 등의 경쟁력 있는 업체는 시장을 주도하는 반면 경쟁력 없는 업체는 자연도태하게 되는 시장의 양극화 현상이 나타나고 있다.

〈표14〉 외인바 산업 최근 트렌드

구분		내용
최근 Trend	전문화	-경기둔화로 소비감소 극복 위한 차별적 전문화 -집객 활성화를 위한 메뉴의 복합화, 세분화
	소형화	-규모와 시설확장으로 고객 유인력 넓은 지역 상권흡수 -규모경제의 경제 실현으로 관리비의 효율 제고
	참살이	-건강에 대한 높은 관심을 반영한 웰빙 트렌드 -건강지향형 차별화 고객 유인에 효과
	간편화	-음식준비와 조리과정상의 간편화로 체계화된 레시피 -간편화된 조리방식은 우리음식의 세계화 진출 선결과제

구분		내용
와인바 업계 주요 Business 동향	경영	-내·외부 고객대상 감성적 접근 → 감성경영 -새로운 수익모델 창출 → 다브랜드 런칭, 해외 진출 → 기존 브랜드 변형 컨셉 도입 -효율위주 시스템 경영
	메뉴	-보다 대중적인 웰빙 먹거리 → 약선요리, 유기농원두, 샐러드바, 요거트 -디저트·음료의 웰빙/개성화 → 기존 틀을 깬 재료와 조리법 -보다 다양화 되는 색재·조리법
	마케팅	-브랜딩(branding) 작업 총력 → 맛, 서비스, 인테리어, 가격 등 모든 경영요소들을 이미지화 -21세기 키워드 → 각종 모임, 입소문 등 파워 고객군 -체험·프로슈머마케팅(고객이 직접)
	인테리어	-군더더기 없는 쉬크함-어반 스타일 → 도회적이고 세련된 분위기 연출 -주방, 양지를 지향-오픈키친 → 음식제조 볼거리와 신뢰부여, 고객과 친숙한 대화 가능

〈표15〉 와인바 경영환경

구분	성장요인
경제적	-국민소득 3만 달러시대에서 제자리걸음 -식문화의 질적 향상과 외식욕구증가-소득의 증가와 외식비 지출 -시장개방에 따른 해외업체 진출 가속화-와인 저가대량판매 시장 성숙
사회적	-레저 지향 추세-주5일제 정착 -여성의 사회진출 확대와 맞벌이 부부의 증가 -소비자 편의주의의 확산-신 소비층 확대 및 사회여건의 변화
문화적	-문화생활과 음주가치관의 변화-식생활 패턴의 서구화 -여가문화 향유와 음주의 장소적 매력 -전통 메뉴개발과 현대화(퓨전, 웰빙화)
정보·기술	-IT산업과 기술의 진보-인터넷 보급과 디지털화 -첨단 음향설비 및 기기자동화 -선진 경영기법의 도입

<표 > 와인바 경영환경변화와 대응전략

환경변화	대응전략
-법적환경의 변화 -가맹사업법 -가맹사업진흥법	-법적절차 준수 및 변화된 환경에 능동적 대처
-사회적 인식의 변화 -정보의 다양화, 전문화 -소비자들의 욕구변화	-다양한 정보축적 및 제공으로 신뢰확보
-경쟁확대 -산업내 경쟁 격차	-경쟁환경의 철저한 분석과 새로운 생존전략의 수립
-신규진입 -대기업 및 글로벌 -경쟁 기업의 시장진출	-과감한 변화를 통한 독자적인프랜차이즈 시스템 구축

IV

와인바의 영업전략

1. 진단 체크리스트

<표16> 진단 체크리스트

진단 부문 및 항목	진단 체크리스트	3점 척도			진단결과 문제점 및 대책
		3 (부정)	2 (보통)	1 (긍정)	
환경 영향력	1) 해당 아이템의 라이프사이클 상 쇠퇴기에 해당되지 않는가?			○	영업환경의 라이프사이클이 지속적인 하락을 나타내는 쇠퇴기에 있는바, 환경급변에 따른 대전환으로 위기극복 필요
	2) 해당 아이템의 사업환경이 급변하는 추세는 아닌가?		○		
	3) 소비 트렌드 변화에 대해 적응하지 못하는 것은 아닌가?			○	
	4) 각종 규제, 파동 등 외부환경의 돌발변수로 인한 악영향은 없는가?		○		
	5) 경기영향과 소득 소비지출과 밀접한 관계는 있지 않은가?			○	
상권 적합성	6) 상권내 유사/경쟁점포 수가 너무 많지 않은가?	○			동일 지역내 경쟁점포가 많지는 않으나 전문클래식 스타일의 전통 바가 지속적인 경기침체로 폐점경향 증가에 따른 축소경영과 고객층 다원화 필요
	7) 상권 내 동종업종의 점포 대부분이 수익이 떨어지고 있지 않은가?			○	
	8) 상권의 규모에 비해 점포가 포화상태는 아닌가?	○			
	9) 수요층이 이용하는 경로와 벗어나 있지는 않은가?	○			
	10) 점포의 접근성 및 가시성이 나쁘지 않은가?		○		

진단 부문 및 항목	진단 체크리스트	3점 척도			진단결과 문제점 및 대책
		3 (부정)	2 (보통)	1 (긍정)	
상품력	11) 메뉴구성(주류, 음식포함)이 너무 일반적이지 않은가?			○	기존 고객유형에 따른 타겟별 상품, 이벤트 차별화와 신메뉴 다각화 필요
	12) 음식의 맛이 나쁘지 않은가?	○			
	13) 주 메뉴 아이템에 대한 전문성이 없는 것은 아닌가?	○			
	14) 상품구색이 너무 일반적이고 주 상품 아이템이 유행을 지나 쇠퇴기에 있지 않은가?		○		
	15) 서비스 품질과 서비스 제공에 필요한 지식과 역량이 부족하지 않은가?		○		
점포 경쟁력	16) 경쟁점포와 비교하여 인테리어 및 시설경쟁력이 떨어지지는 않는가?	○			월임대료의 경기 침체기와 쇠퇴기에 맞는 임대경비 낮출 필요 있음
	17) 점포의 상호 경쟁력이 떨어지지는 않는가?	○			
	18) 해당 업종을 영위하기에 점포 크기가 너무 크거나 작지 않은가?		○		
	19) 점포의 보증금 또는 월세가 주변 시세에 비해 너무 비싸지 않은가?			○	
	20) 점포 외관이 너무 낡아 고객을 유인하는 효과가 떨어지지는 않는가?	○			

진단부문 및 항목	진단 체크리스트	3점 척도			진단결과 문제점 및 대책
		3 (부정)	2 (보통)	1 (긍정)	
경영관리력	21) 해당 아이템이 사업자의 적성에 맞지 않는 것은 아닌가?	○			경영관리가 시스템적인 역할별 뚜렷한 분담체계 없이 오너의 경험에만 의존한 경영탈피와 다양한 고객층 발굴과 접목을 위한 벤치마킹 필요
	22) 사업자에게 경영마인드가 부족하지 않는가?		○		
	23) 종업원 관리에 큰 문제점이 있지 않는가?		○		
	24) 고객관리에 대해 전혀 신경을 안 쓰는 것은 아닌가?		○		
	25) 일별·월별 자금관리, 점포관리/운영에 문제점이 있지 않는가?		○		
마케팅역량	26) 시장조사, 경쟁점포 벤치마킹 등에 무관심하지 않는가?		○		-고객 유형별 홍보 마케팅 부족 -홈페이지 운영 필요, SNS, 소셜 마케팅 적극 도입필요 -DM관리 개발 -소수 제한된 단골고객에 의존한 영업탈피, 고객구성층 다원화 필요
	27) 홍보 및 판촉 활동에 소극적이지 않은가?			○	
	28) 상품/서비스의 가격이 경쟁점포에 비해 너무 비싸거나 싸지 않은가?			○	
	29) 단골고객이 너무 적거나 감소추세에 있지 않은가?			○	
	30) 마케팅에 대한 지식과 경험이 부족하지는 않은가?		○		

진단 부문 및 항목	진단 체크리스트	3점 척도			진단결과 문제점 및 대책
		3 (부정)	2 (보통)	1 (긍정)	
수익성	31) 뚜렷한 이유 없이 매출액이 3~6개월 이상 감소하는 추세는 아닌가?			○	-쇠퇴기의 장기적 지속에 따른 원가절감 노력 필요 -수익성 제고를 위한 신메뉴(상품) 개발과 기획 이벤트 필요 -획일된 가격 구조에서 벗어나 가격을 낮추고 고객유형에 맞는 중저가 파격할인 이벤트 필요
	32) 매출원가 및 판매관리비가 증가하고 있지는 않은가?		○		
	33) 매출이 손익분기점을 밑도는 것은 아닌가?		○		
	34) 고정비 지출이 과다하지 않은가?			○	
	35) 원가절감 활동이 전혀 없지는 않은가?		○		
합계		27	27	9	
		63			

주) 91~100점 : 매우 우수(현 제도권장) 61~79점 : 발전 노력 필요
　　81~90점 : 우수　　　　　　　　　51~60점 : 매우 부족
　　71~80점 : 지속 유지발전

*수익성 부문 평가점수는 부정(2), 보통(1), 긍정(0점)으로 전체 총 100점 만점 기준

2. 경영진단 적용 및 결과

〈표17〉 경영진단 결과

부문	배점	평가 점수	평점수준 및 필요조치
1. 환경 영향력	15	5점	(부 족)한 수준이며, (발전 노력) 필요
2. 상권 적합성	15	10점	(우 수)한 수준이며, (유지 발전) 필요
3. 상품력	15	13점	(우 수)한 수준이며, (유지 발전) 필요
4. 점포 경쟁력	15	10점	(우 수)한 수준이며, (유지 발전) 필요
5. 경영 관리력	15	10점	(우 수)한 수준이며, (유지 발전) 필요
6. 마케팅 역량	15	8점	(부 족)한 수준이며, (발전 노력) 필요
7. 수익성	10	5점	(매우 부족)한 수준이며, (발전 노력) 필요
종합 평점	100	61점	(부 족)한 수준이며, (발전 노력) 필요

소상공인경영진단프로그램 v3.0을 이용하여 부문별 진단결과 총합 평점 61점으로 부족한 수준이며, 매우 많은 발전과 노력이 요구됨에 따라 지속적인 성장을 위해 환경 영향력, 마케팅 전략, 수익성 부문을 집중 보완개발과 강화가 필요하다.

<표18> 경영진단 결과

부문	의견
1. 환경 영향력	경영환경이 성숙기를 지나 쇠퇴기에 이름
2. 상권 적합성	동일 지역내 경기침체에 따른 영업축소나 폐점증가
3. 상품력	고가 제품 위스키 중심 판매와 매출구성 운영한계
4. 점포 경쟁력	원가절감을 위한 노력과 임대료 최소화 필요
5. 경영 관리력	오너에 의존한 제한된 영업력은 시스템적으로 전환 필요
6. 마케팅 역량	다양한 마케팅 방법 발굴전개와 수행필요
7. 수익성	갈수록 낮아지는 수익률 제고를 위한 다양한 상품 개발필요
-경영주가 오랜 경험과 노하우를 보유하고, 지속적인 성장을 위한 마케팅 기획필요 -서비스 제고를 위한 전략 및 고객만족을 위한 다양한 프로모션 전략도입 필요	

3. 영업목표와 비전수립

1) 목표수립

기업은 필수적인 각 분야에 맞게 목표를 설정해야 하는데 목표의 목록이 완전할수록 계획을 실행할 때 결과를 더욱 명확하게 점검할 수 있다. 모든 기업의 내적·외적 환경은 끊임없이 변하므로 유관성 계획은 성공적인 마케팅 계획의 중요한 측면이다.

결국 유관성 계획이란 "what if"에 근거하여 다수의 행동방안을 고려하는 것으로 예를 들어, 주요 공급자가 노동파업으로 생산활동을 중단한다면? 유통비용이 예상외로 증가한다면? 등을 고려하는 목표이다. 따라서 유관성 계획에서 전제한 가정이 맞아 떨어질 때 유관성 목표는 그대로 새로운 마케팅 목표가 된다.

2) 마케팅 전략의 수립

모든 계획에 목표(what)가 있다면 항상 그것을 달성하기 위한 전략(how)을 수립해 적용하여야 한다. 즉, 전략이란 '목표를 달성하기 위한 행동방안(course of action)'으로서 각 하위조직에게 역할을 할당하는데, 그러한 역할은 그대로 하위조직의 목표가 된다.

따라서 상위계획의 전략은 하위계획의 목표이며, 하위수준의 목표와 전략일수록 상세하고 구체적이다. 이를 목표와 전략의 계층적 구조(company planning hierarchy)라고 한다.

마케팅 부문에 할당된 목표를 달성하기 위한 행동방안, 즉 마케팅 전략은 크게 표적시장의 선정과 그들이 '원하는 바'를 효과적으로 충족시키기 위한 마케팅 믹스의 개발이라는 두 가지 측면으로 구성되어 있다.

단지 표적 마케팅의 관점에서 표적시장을 선정하기 위해서는 시장 세분화가 전제되어야 하며, 마케팅 믹스를 개발하기 위해서는 포지셔닝이 전제되어야 하기 때문에 실제에 있어서는 아래 〈그림12〉에서와 같이 시장세분화→표적시장의 선정→포지셔닝(이상 STP)에 이어지는 마케팅 믹스의 개발을 의미한다.

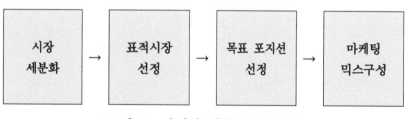

〈그림12〉 마케팅 전략의 구성요소

마케터는 마케팅 전략을 수립할 때 다음과 같은 사항들을 고려해야 한다.

① 시장내 자사의 포지션

② 기업의 사명, 정책, 목표, 자원

③ 경쟁사들의 마케팅 전략

④ 표적시장내 고객들의 구매행동

⑤ 수명주기 상 자사상품의 현재 및 예상되는 단계

⑥ 일반적인 경제여건

마케팅 전략의 유일한 목적은 목표의 달성이므로 각 전략은 목표에 연관되어야 한다. 예를 들어, 목표가 상품 A의 시장점유율을 14% 증대시키는 것이라면 전략은 상품을 어떻게 리포지션할 것인지, 표적시장내에서 보다 많은 고객들에게 어떻게 도달할 것인지, 가격구조를 어떻게 개편할 것인지 등에 관해 윤곽을 그려야 한다.

진단결과 와인바는 모든 상품은 결국 쇠퇴기를 맞이하게 되듯이 성숙말기와 쇠퇴기에 있으므로 신상품의 개발계획을 조기에 수립하도록 해야 한다.

특히, 성숙기는 대체로 수명주기 상에서 가장 긴 기간을 차지하는데, 오늘날 시장성공을 거두고 우리에게 친숙한 상품들은 대체로 이 단계에 처해 있으며, 대부분의 마케팅 이론도 성숙기에 처해 있는 상품들을 위한 것이다.

따라서 다른 단계에 처해있는 상품의 마케팅 실무에서는 마케팅 이론을 현실적으로 수정하여 응용해야 한다.

4. 각 단계별 마케팅 특성 및 전략방향

상품수명주기는 학자에 따라 다양하게 구분되지만, 단계의 수는 별로 중요하지 않으며 단지 수요 및 경쟁특성이 유사한 단계를 구분하여 마케팅 전략의 일반적인 방향을 제시한다는 점이 중요하다.

따라서 각 단계별 특성과 그러한 특성이 제시해 주는 일반적인 전략의 방향을 정리하면 다음과 같다.

1) 도입기

도입기(introduction stage)란 신상품이 시장에 처음으로 등장하여 잠재고객들의 관심을 끌고 구매를 자극해야 하는 단계를 말한다.

일부 상품에서 도입기는 매우 긴 기간 동안 지속되며 매출액도 완만하게 증가한다. 특히, 도입기의 초기 짧은 기간을 론칭기라고 하여 상품 발표회, 홍보 등이 활발하다.

(1) 도입기의 특성

상품의 인지도가 낮고 잠재고객들이 신상품 구매에 수반되는 위험을 지각하므로 수요가 많지 않다.

특히 매출액이 적은 데도 불구하고 초기의 집중적인 촉진활동과 유통망 확보에 많은 비용이 지출되기 때문에 대체로 이익은 없거나 적자가 나기 쉽다.

또한 상품이 최초로 도입되는 단계이므로 상품실패 가능성이 높고, 시장반응에 따라 상품이 자주 수정되기도 하며, 신상품이라는 특성 때문에 경쟁은 비교적 약하다.

시장실패의 염려 때문에 중간상인들이 상품취급을 꺼리므로-유통망 확보가 매우 어려우며, 유통마진도 비교적 크게 책정되어야 한다. 생산과 유통에 있어서 규모의 경제를 누릴 수 없으므로 상품가격이 높은 편이다.

상품차별화는 아직 없으며 단지 기본형만으로 수요를 자극하는데 구매는 주로 상품이 제공하는 효익과 자신이 '원하는 바'가 일치하는 잠재고객들(핵심시장, core market)에 의해서 이루어진다.

(2) 도입기의 일반적인 전략방향

잠재고객들의 상품인지를 증대시키기 위한 촉진활동을 전개하며, 그러한 캠페인의 주제는 선택적 수요보다는 본원적 수요를 자극해야 한다.

여기서 선택적 수요(selective demand)란 특정 상표에 대한 수요이며, 본원적 수요(primary demand)란 상품범주에 대한 수요를 말하는데 경쟁자가 없는 상태에서는 당연히 본원적 수요의 증대만으로 충분하다.

또한 유통망을 확보하기 위해 중간상인들을 대상으로 강력한 영업

(인적 판매)을 실시하고 유통마진을 충분하게 보장하기 위해 지역적 독점판매권(dealership)을 제공한다.

무료견본이나 쿠폰을 배포하여 잠재고객들의 시용을 유도하며(편의품의 경우), 강력한 영업과 교육적 광고를 통해 구매를 자극한다(전문품이나 선매품의 경우).

2) 성장기

신상품의 매출이 일단 완만한 증가단계(도입기)를 거쳐 체증적으로 증가하기 시작하면 성장기(growth stage)가 시작되는 것인데, 이러한 현상은 새로운 고객의 구매(신규수요)와 만족한 기존고객들의 반복구매(재구매, 대체수요)에 기인한다.

(1) 성장기의 특성

가속적인 구매확산과 대량생산을 통한 가격인하의 순환관계가 형성됨에 따라 전체시장의 규모가 급속하게 확대된다.

상품을 취급하려는 중간상인들의 수가 증가하고, 그들이 재고를 갖춰감에 따라 매출액은 더욱 신장되며 이익도 흑자로 돌아 증가하기 시작한다.

경쟁자들이 시장에 참여하기 시작하면서 상품차별화의 기회가 다양하게 모색되며, 가격인하 경쟁이 나타나기도 한다.

성장기 후반에는 가격인하 경쟁에 대응하고 선택적 수요를 자극하기 위한 촉진비용이 많이 소요되므로 이익은 정점이 도달했다가 감소하기 시작한다.

(2) 성장기의 일반적인 전략방향

광고의 초점을 본원적 수요로부터 선택적 수요로 전환시키고 장기적인 시장지위를 확보하기 위해 유통망을 확충하고 중간상인과의 관계를 강화한다.

그밖에 경쟁에 대응하여 시장 점유율과 현재의 이익 사이에서 목표를 조정한다.

3) 성숙기

매출액이 체감적으로 증가하거나 안정된 상태를 유지하는 단계를 성숙기(maturity stage)라고 하는데, 마케팅 전략의 초점은 대체로 유지적 마케팅이나 리마케팅과 관련된 과업들을 통해 상품수명주기를 소생시키는 일이다.

(1) 성숙기의 특성

많은 시장참여자들과 과잉생산능력에 의해 경쟁이 심화되고 과도한 가격인하 경쟁과 유통망 확보 및 판매촉진 비용의 증대로 이익이 감소하며, 한계적인(취약한) 경쟁자들이 사장에서 탈락하기 시작한다.

또한 다양한 상품을 공급하는 경쟁자가 많기 때문에 수요를 확대하려는 마케팅 노력의 효과가 적어진다.

(2) 성숙기의 일반적인 전략방향

현재의 표적시장 내에 속하는 비사용자(nonuser)에게 가격인하나 할부판매 등을 제의하여 사용자로 전환시킨다.

예를 들어, 미혼의 직장여성을 표적시장으로 하는 '이너웨어' 마케터는 표적시장 내의 비사용자들에게 시용이나 구매를 권유하여 수요를 증대시킬 수 있다.

현재 경쟁자의 상표를 구입하고 있는 소비자로 하여금 상표대체(brand switch)를 하도록 유인한다. 이는 가장 보편적인 경쟁전략으로서 경쟁자의 고객을 빼앗아 오는 다양한 유인책을 필요로 한다. 또한 현재의 고객으로 하여금 보다 많은 양의 상품을 소비하도록 설득한다.

예를 들어, 점심식사 후에도 양치질할 것을 제안하는 '페리오 시간' 캠페인이나 "하루 한 컵이 아닌 1리터의 우유마시기"를 제안하는 캠페인을 볼 수 있다.

상품에 대한 새로운 용도(new use)를 개발하고 소비자에게 구매하도록 설득한다. 예를 들어, 맥소롱(액체 위장약)을 소주에 타서 마시도록 하거나 옥수수를 식용유, 빵, 마가린, 과자의 원료로 사용하도록 한다. 보리빵이나 새로운 돼지고기 요리법의 개발 등도 이러한 예에 속한다.

또한 새로운 시장으로 진출하게 되는데 예를 들어, 국내시장에 해외시장을 추가하여 새로운 지역시장으로 진출하거나 20대의 표적시장에 30대를 추가하여 새로운 인구통계적 시장으로 진출할 수 있다. 또한 소비자를 표적으로 하던 마케터는 정부기관이나 산업고객을 대상으로 산업시장에 진출할 수 있다.

상품의 포지션을 변경한다(repositioning). 상품 포지션의 변경은 상품속성의 조합을 실제로 수정하거나(신상품 정도는 아닌 상품수정) 상품에 대한 소비자들의 지각만을 변경시켜 달성될 수 있다.

4) 쇠퇴기

모든 상품은 다양한 요인으로 인해 수요가 지속적으로 감소하는 쇠퇴기(decline stage)를 맞게 마련인데, 그러한 현상의 원인은 다음과 같다.

첫째, 소비자의 기호변화는 상품의 수요를 감소시키거나 없앨 수 있다.

둘째, 성능이 우수하고 저렴한 대체품의 등장은 동일한 욕구에 소구하던 기존상품의 수요를 잠식한다. 예를 들어, 유성 페인트가 수성

페인트에게 시장지위를 넘겨주거나 칠제 그릇이 플라스틱 그릇에게 시장지위를 넘겨주기도 한다.

셋째, 경쟁자가 훨씬 우월한 마케팅 전략으로 경정적인 우위(decisive advantage)를 차지할 수 있다.

넷째, 법적 요인이나 정치적 요인 등 외부적 마케팅 환경이 변화함에 따라 상품의 계속적인 판매가 불가능하게 바뀔 수 있다.

(1) 쇠퇴기의 특성

매출액이 지속적으로 감소하며, 경쟁자들이 시장에서 철수하거나 마케팅 활동을 축소하기 시작한다.

(2) 쇠퇴기의 일반적인 전략방향

상품의 생산을 중단하여 폐기시키고(폐기전략) 상품은 계속 생산하면서 현재의 마케팅 활동을 그대로 유지한다(유지전략).

또한 표적시장의 범위를 축소하여 현재 수준의 마케팅 노력을 유리한 세분시장에만 집중시키고(집중전략), 마케팅 노력을 축소시켜 현재의 이익을 증대시킨다(회수전략).

위의 특성에 따라 유지와 집중화 전략을 채택하여 수행할 것이 요구된다.

(3) 쇠퇴기에 부합한 집중화 전략 접목

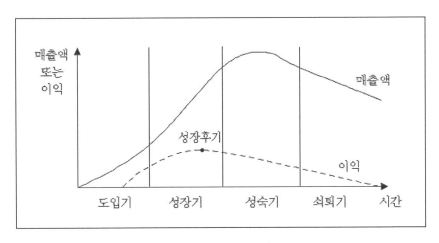

〈그림13〉 상품수명주기

　매출액이 지속적으로 하락하는 성숙기를 지나 쇠퇴기에 있는 만큼 기존 마케팅 전략 중 쇠퇴기에 취하는(폐기, 유지, 집중, 회수) 전략 중 유지+집중화 전략에 중점을 두고 마케팅을 실천해야 한다.

V

성공전략 및 실천모델

1. 이미지 컨셉 및 전략

1) 비전 및 미션

〈표19〉 영업목표 및 실천전략

구분	세부내용
VISION	고객의 희망과 즐거움을 주는 고객이 꿈꾸던 그대로의 안식처
MISSION	- Sweet - Soft - Lazy
전략	**영업목표** 와인-위스키를 요리와 함께 즐길 수 있는 인기만점의 바 정통파를 지향하는 바 술과 음악, 그리고 분위기를 즐기는 바 모두 함께 신나게 웃고 즐기는 바 ⬇ **실천전략** 1. 언제 찾아와도 즐거운 와인바로 인식 2. 다시 찾게 만드는 목적이 분명한 포인트 제공 3. 편안하게 쉴 수 있는 안락한 분위기 유지 4. 늘 기분 좋은 서비스 제공 5. 술과 안주, 요리 메뉴 일품최고의 맛 6. 만나고 싶은 마스터나 바텐더가 대화의 상대 7. 단골고객 중심으로 안정된 운영

2) 이미지

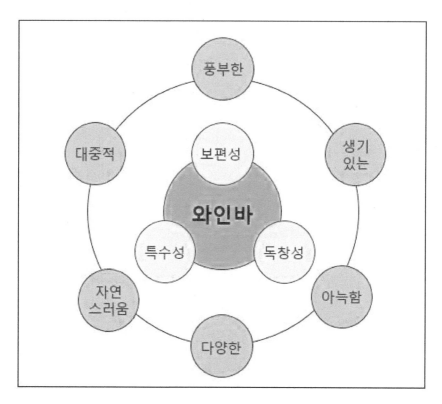

〈그림14〉 전체적 이미지 컨셉

　와인바의 생기 있으면서 활력이 넘치는 음악과 술, 아늑한 분위기는 안락한 휴식을 취하기에 안성맞춤이며, 다양한 메뉴와 풍부한 안주 및 특수조명은 자연스러운 실내 분위기와 함께 대중적이면서도 보편적 삶을 살아가는 고객에 적합한 안식처로 되기에 충분하다.

〈표20〉 서비스 테크닉

구분		내용			
선호도 제고	구분	와인	위스키	브랜디/음료	기타
	선호도	40%	30%	10%	10%
	이용도	20%	60%	10%	10%
	만족도	65%	70%	70%	80%
직원의 서비스 정신	환대(Hospitality)	고객을 진심으로 환영하고 생각하는 마음			
	공유(Sharing)	고객과의 비전을 공유하고 이익을 나누는 마음			
	품질(Quality)	더 맛있고 신선한 메뉴 제공을 위해 노력하는 정신			
	즐거움(Fun)	고객에게는 즐거운 이벤트, 직원에게는 일하는 재미를 선사하는 정신			
	용기(Courage)	발전을 위해진취적인 자세			
차별화 된 서비스 컨셉	콜 어헤드 서비스 (Call Ahead Service)	방문 전 미리 전화를 통하여 예약과 신뢰가는 새로운 형태의 서비스 제공, 고객의 대기시간을 줄여주는 효과가 있고, 방문 예정시간, 인원을 미리 통보하면 빠르게 원하는 서비스를 받을 수 있다는 신념제공. 기념일이나 단체 고객에게 특히 유용한 맞춤형 서비스 실현			
	음악선곡 페이저 서비스 (Pager Service)	손님에게 선호음악에 대한 페이저를 제공, 고객이 원하는 음악을 원하는 시간에 유용하게 듣거나 부를 수 있도록 선곡 서비스 제공			
	웨이팅푸드 서비스 (Waiting Food Service)	메인 주류가 나오기 전 손님에게 시장기를 달래기 위해 웨이팅 푸드를 제공하는 서비스로 다양한 신메뉴를 손님에게 맛보게 하는 푸드 서비스 제공			
	그라스 루트 이벤트 (Grass Root Event)	나눔의 정신을 실천하는 다양한 이벤트를 통해 고객과 함께 소통하기 위한 감성 마케팅 실현			

2. STP 전략수립

STP전략이란 S(Segmentation)의 시장세분화, T (Targeting) 표적시장, P(Positioning) 포지셔닝의 약자로 말 그대로 소비자들을 세분화하여 핵심 타겟(표적시장)을 추출한 뒤 포지셔닝을 진행하는 마케팅 전략을 의미한다.

1) 시장세분화(Segmentation)

가격별, 제품별, 연령별, 소득별, 시장규모별 시장 세분화를 통한 다양한 소비자층을 형성한다. 시장세분화를 표로 나타내면 다음과 같다.

영업전략으로 제품별 차별성을 두고 가격을 고. 중. 저가로 각기 달리 적용하고 주요 고객 대상별로 20~30대, 40~50대, 60대의 연령대별 니즈에 맞는 메뉴와 와인을 차별화 시켜 판매한다.

특히 고객마다 추구하는 편익이 다른점을 고려하여 맞춤형 서비스 응대를 통해 가볍고 편안하게 와인을 즐길 수 있는 안락한 분위기 조성이 요구된다.

〈표21〉 시장세분화

구분	내용
영업전략	가격에 중심을 둔 영업에서 제품별 차별성에 중점을 둔 영업전략으로
가격구성	고·중·저가의 다양한 가격 구성
주요고객 구성	고소득층의 30~60대 연령별 다원화
핵심(Need)	가격중심 니즈와 고객중심 니즈
주요제품	고가 위스키, 중저가 위스키, 와인, 혼합 균형된 판매
시장규모	확장중심에서 최소의 축소된 규모로 운영
주요제품	와인, 위스키 중심에서 벗어나 모든 주류, 음식
목표시장	제한된 소수에서 단체, 이벤트 고객, 외국관광객(비즈니스) 유치
추구하는 편익	고급스러운 분위기에서 부담 없이 누구에게나 맞춤형으로
행동적 특징	부유함과 고급스러움에서 편안하고 가볍게 와서 즐길 수 있는 곳으로
라이프스타일	제한적인 이용에서 수시 어느 때나 활동적이고, 자유분방한 스타일로
개성	사교적, 외양적 중시에서 정보획득, 교류 장소로

시장정의	다양한 연령대비 부합한 전문 와인바 컨셉

2) 표적시장(Targeting)

주로 고가 위스키 제품을 선호하는 30~60대의 고객을 주요 타겟으로 설정한다. 즉, 고소득층에 속하며 가격에 구애받지 않고 최고의 제품을 선호하는 직업의 남성 CEO를 대상으로 한다.

〈표22〉 표적시장

구분	내용
지리적 특징	서구적인 라이프스타일을 유지하는 사람들의 낮은 전유물로 와인이 점차 하나의 문화로 자리잡고 국내 최고 상권에 입지한 지리적 우위 살려 코엑스 비즈니스 고객 여행사와 특급호텔 및 컨벤션 지배인과 제휴 유치
행동적 특징	다른 와인바에 비해 실내분위기, 쾌적한 공간, 맛과 다양함을 강점으로 내세워 이들 고객에 어필
인구 통계적 특징	와인바의 가격이 타 전문점의 가격에 비해 비싼 편이나 이런 비싼 가격을 어느 정도 지불할 능력이 있는 고객층을 타겟으로 한 맞춤형 서비스 실현

타겟고객	-메인타겟: 50~60대의 기업체 임원+컨벤션 이용 외국비즈니스와 지방에서 올라오는 코엑스 참관고객 저녁 비즈니스맨 유치 -서브타겟: 30~40대 중견간부
핵심 잠재고객	1차 상권인 반경 4km 이내
메인 타임	평일: 오후 8시부터 저녁 12시

3) 포지셔닝(Positioning)

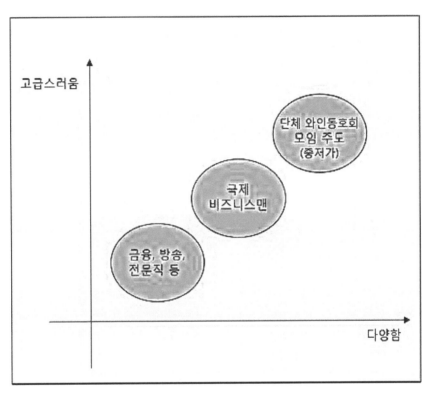

장기적 경기침체와 저성장시대를 맞아 소비위축과 억제환경에 맞는 중저가 상품개발과 이들 선호 연령대를 집중 타겟으로 한 포지셔닝 전략 접목 필요

〈그림15〉 포지셔닝

4) 4P 구성

〈표23〉 4P 구성

PRODUCT	PRICE
-제품군 별 가격대 다양화 -최고의 품질실현 -고객구조별 차별화 서비스(공간별)	-최고 제품과 중저가 제품 등 가격 레벨 다양화 -스페셜 이벤트 가격적용 -고객수준, 이용회수, 로얄고객 중심의 회수별 할인 우대가격 실시
PROMOTION	**PLACE**
-샘플증정, 특별 제품한정 시험판매 및 관리 -외국인 유치를 위한 통역 가능접객 구성원(여성) 모집활용	-아늑한 조명과 소비자 위주의 실내인테리어 재편 -인터넷 사이트 소셜 네트워크, 카페, 적극 활용 홍보

□ Product : 고급 와인부터 상품 다양화 개발

□ Price : 스페셜 이벤트 가격 차별화, 중저가 다양화

□ Promotion : 샘플 증정, 시음기회 제공

□ Prace : 카페운영, 와인 전문정보 주기적 제공

3. 실천전략(모델)

　고객이 원하는 포인트를 네 가지로 나눠서 생각할 수 있다.
이 네 가지 요소가 크고 반듯한 마름모를 형성하도록 바를 만드는
것이 중요하다.

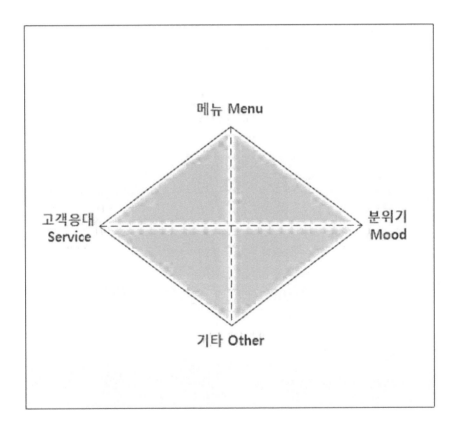

〈그림16〉 고객을 만족시키는 네 가지 접근요소

〈표24〉 고객을 만족시키는 네 가지 접근 요소

메뉴 Menu	분위기 Mood
자신이 만들 수 있는 메뉴, 내놓고 싶은 메뉴를 제공하는 것이 기본임에는 틀림없다. 그리고 이와 함께 성별과 연령, 고객층 등 각각의 수요에 맞추는 것도 중요하다. 그러나 그렇다고 해서 고객의 입맛만을 쫓아 메뉴를 구성하면 단순한 술집과 차이가 없어지므로 반드시 차별성을 주어야 한다.	바의 인상을 결정짓는 중요한 요소임과 동시에 콘셉트와 자신의 감각이 잘 드러나는 포인트이기도 하다. 개성을 표현하는 것은 좋지만 독선적인 인상을 주어서는 안된다. 음악이든 인테리어든 자신이 좋아하는 것이 고객들에게 받아들여질지 신중한 검토 후 적용한다.
고객 응대 Service	**기타 Other**
술을 마시는 장소라고 해서 프라이버시를 무시한 대화나 술만 제공하면 그만이라는 자세로는 아무리 술과 음식이 맛있어도 고객들의 마음은 떠나기 마련이다. 바는 접객업임을 충분히 인식하되 고객유형에 따라 차별적 응대서비스를 적용한다.	다른 세 가지를 갖추는 것이 최소한의 조건이라 할 수 있다. 다른 바와의 차별화는 그 다음의 문제다. 의자의 높이나 짐을 놓을 곳, 화장실의 편의용품 등 고객을 기쁘게 할 수 있는 요소는 찾아보면 얼마든지 있다. 자신이 표현하고 싶은 것과 고객에게 해주고 싶은 것, 그리고 고객이 원하는 것을 잘 융화시키려는 노력이 중요하다.

〈표25〉 독자적인 인기 상품 개발

잘 되고 있는 바 벤치마킹	인터넷/책에서 바 운영 포인트 응용
같은 바라고 해도 음악을 들으면서, 조용히 이야기를 나누면서, 스포츠를 관람하면서 등 술을 즐기는 방법은 각각 다르다. 먼저 자신의 이상에 가까운 바를 찾아가 술과 요리 메뉴를 확인한다. 그리고 실제로 몇 가지를 주문해 맛은 물론 데코레이션(식기도 포함)까지 확인해 개선점과 차별점을 찾는다.	잡지는 유행을 알 수 있는 귀중한 정보원이다. 그것이 와인바와 관련된 전문 잡지라면 더 유용할 것이다. 인터넷을 활용하는 것도 큰 도움이 된다. 검색 방법에 따라서는 다양한 정보를 얻을 수 있다. 다만 인터넷 정보는 관리자와 기업이 작성하는 것이기 때문에 주관적일 때가 많다는 점만큼은 염두에 두고 개선점을 찾는다.
주요 고객의 조언 경청	**고객 자료와 과거의 경험 활용**
다수의 고객에게 상품을 제공하는 판매업자는 생생한 최신 정보를 많이 가지고 있다. 그들을 만나 '최근에는 어떤 술의 출고가 늘고 있는가' 등 현재의 동향에 대해 물어보는 것이 좋다. 여기에서 얻을 수 있는 정보를 바탕으로 바 업계의 장기적인 동향을 예측할 수 있도록 자료화시켜 활용한다.	고객과 나누는 대화나 고객의 주문에서 인기 상품을 발견하는 방법도 있다. 고객은 판매업자와 마찬가지로 다른 업소와도 거래를 하기 때문에 귀중한 정보를 가지고 있다. 또한 자주 대화를 나무면서 주문의 경향도 파악해 둔다. 가능하면 수치를 적어 놓는 것이 좋다. 이러한 자료와 지금까지 쌓은 과거의 경험을 종합하면 다양한 분석과 판단이 가능하다.
POINT	
잡지, 인터넷, 업자, 고객정보 등 생각과 행동력만 있으면 주변에서도 얼마든지 많은 정보를 입수할 수 있다. 그리고 그 정보를 어떻게 활용하느냐에 따라 바의 운명이 달라질 수도 있다.	인기 메뉴를 주력으로 삼아도 좋고, 반대로 인기 메뉴를 팔지 않음으로써 바의 특성을 살릴 수도 있다. 이에 대한 판단은 냉정하게 즉각 실천에 옮긴다.

다음에 열거하는 세 가지는 가격 결정시 중요한 포인트가 된다. 무엇을 기본으로 정할지는 운영자가 판단할 일이지만, 최근 쇠퇴기 경기하락과 소비 위축을 고려한 환경에 맞춰 가격을 책정하는 것이 매우 중요하다.

〈표26〉 가격을 결정하는 세 가지 포인트

자신의 능력을 감안해 결정한다.	
자신의 기량을 고객에게 표현할 수 있어야 하므로 무엇보다 실력 발휘가 중요하다. 기량이 가격에 반영되는 만큼 고객의 만족도가 높으면 다행이지만 낮으면 바텐더뿐 아니라, 바 자체의 이미지 관리에 불리할 수 있다.	
장점 -자신만의 칵테일로 다른 바와 차별화를 꾀하기 쉽다. -술과 재료를 잘 조합해 만들면 원가율을 낮출 수 있다.	**단점** -가격에 비례해 맛이 좋지 않으면 고객은 비싸게 느낀다.
원가에 따라 결정한다.	
술과 주스류의 구입 가격에 대한 비율로 정한다. 요리와 달리 구입에 별다른 수고가 필요하지 않는 만큼 가격 책정이 용이하다.	
장점 -원하는 가격으로 책정할 수 있다. -가격 조정이 가능하다.	**단점** -주변 시세와 맞지 않을 때도 있다. -수요에 맞출 필요성이 있다.

주변 시세를 보고 결정한다.	
경쟁점을 찾아가 가격과 퀄리티를 확인한다. 그렇게 해서 얻은 자료를 바탕으로 자신이 운영하는 바의 가격전략을 생각한다.	
장점 -어느 정도 매출을 예상할 수 있다. -수요와 가격의 괴리가 적다.	**단점** -원가율이 높아질 우려가 있다. -다른 바와 차별화를 꾀하기가 힘들다.
메뉴를 비교해 본다.	
-다이닝바 A의 메뉴 마티니 포로지스(Four Roses) 프리미엄 부침개 나폴리탄 믹스 피자 큐브 스테이크	**-카운터바 B의 메뉴** 마티니 포로지스(Four Roses) 프리미엄 레미 마르팅(Remy Martin) 로얄하우스홀드(Royal Household) 햄 치즈 세트
다이닝바답게 뭐니 뭐니 해도 메뉴가 풍부해야 한다. 이탈리아 요리와 한국 요리 외에 코스 요리도 필요하다.	

〈표27〉 입지 조건과 바의 영업시간

입지	입지조건
스탠드바나 쇼트바 등 가볍게 들르기 쉬운 바는 영업시간을 빠르게 당겨 겸용검토와 개성 넘치는 사장과 여유롭게 대화를 즐길 수 있는 분위기 조성과 심야 또는 첫차 시간까지 영업을 하는 시간대별 차별적 운영을 검토한다.	오피스 빌딩가에 위치하고 있을 때는 개점, 폐점 시간 모두 이른 시간대가 좋지만 반대로 프리랜서가 주로 오는 곳이므로 영업시간을 다소 늦게 설정할 것을 추천한다.

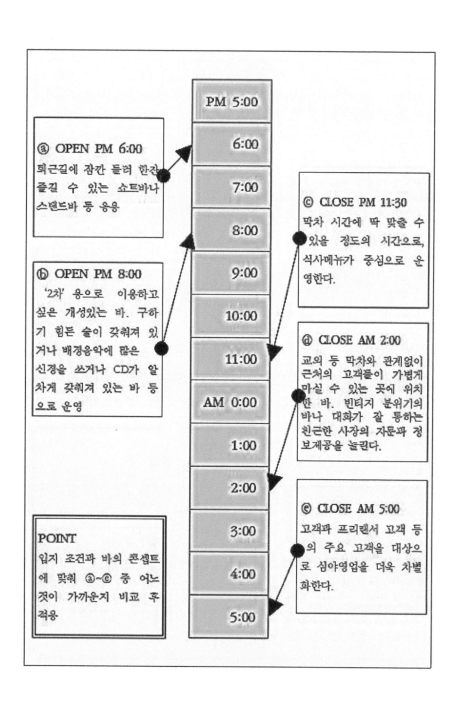

ⓐ OPEN PM 6:00
퇴근길에 잠깐 들려 한잔
즐길 수 있는 쇼트바나
스텐드바 등 응용

ⓑ OPEN PM 8:00
'2차' 용으로 이용하고
싶은 개성있는 바. 구하
기 힘든 술이 갖춰져 있
거나 배경음악에 많은
신경을 쓰거나 CD가 알
차게 갖춰져 있는 바 등
으로 운영

POINT
입지 조건과 바의 콘셉트
에 맞춰 ⓐ~ⓔ 중 어느
것이 가까운지 비교 후
적용

PM 5:00
6:00
7:00
8:00
9:00
10:00
11:00
AM 0:00
1:00
2:00
3:00
4:00
5:00

ⓒ CLOSE PM 11:30
막차 시간에 딱 맞출 수
있을 정도의 시간으로,
식사메뉴가 중심으로 운
영한다.

ⓓ CLOSE AM 2:00
교외 등 막차와 관계없이
근처의 고객들이 가볍게
마실 수 있는 곳에 위치
한 바. 빈티지 분위기의
바나 대화가 잘 통하는
친근한 사장의 자문과 정
보제공을 늘린다.

ⓔ CLOSE AM 5:00
고객과 프리랜서 고객 등
의 주요 고객을 대상으
로 심야영업을 더욱 차별
화한다.

〈표28〉 고객의 수요를 고려한 메뉴 구성

고객층에 맞는 메뉴 구성

'BAR 고(五)'는 젊은층부터 중년 이상의 사람들까지 다양한 연령층이 섞여 있다. 그러나 바를 찾아오는 고객의 연령층은 30대 중반에서 50대가 많으며, 특히 나이 든 고객에게는 싱글 몰트위스키가 호평을 받는다. 그래서 재고를 조정해, 버번과 브랜디 등의 수량과 종류를 줄이고, 그 대신 싱글 몰트위스키를 늘려 수요대상별 메뉴를 차별화한다.

음료 중심에서 식사를 강화

'서프 드링크'의 경우 처음에는 술 메뉴를 중심으로 영업하였지만 종종 혹시나 해서 준비한 얼마 안되는 요리 메뉴의 인기가 높아 음식의 종류를 늘리기도 한다. 신규 뉴모델링 초기에는 식사 메뉴가 모두 10종류가 알맞고, 그 중 안주가 80%였지만, 1년 뒤에는 모두 20종류 정도로 늘리고, 그 가운데 약 10종류를 요리 메뉴로 제공하는 것이 보다 효과적이다.

메뉴에 따라 가격 책정을 달리함

'타피아'의 다토 씨가 추천하는 술은 럼주의 산지인 마르티니크에서 가장 사랑받는 '티 폰슈'다. 다토 씨는 이 술을 8,000원이라는 파격적인 가격에 제공하고 있다(다른 술의 가격은 1만 6,000원 이상). 도수가 조금 높고 독특한 맛이 나지만, 꼭 한번은 마셔보기를 바라는 사장의 애정 어린 마음에서 가격을 저렴하게 책정해 부담 없이 주문할 수 있게 했다.

이름과 로고, 간판으로 바의 분위기를 표현

바의 콘셉트 컬러를 로고에 사용해 바의 상쾌한 분위기를 표현한다.	정열적이고 로맨틱한 컬러가 내장된 바의 이름을 그대로 대변해 준다. 추천하는 술이나 새로 입고된 술 등을 그때그때 직접 적을 수 있는 간판으로 만들어 사용한다.

메뉴와 관련해 지은 이름

Bon sweets & smile	서프 드링크
'Bon'은 프랑스어로 '맛있다', 산스크리트어로 '정결히 하다'는 의미다. 몸에 좋은 스윗츠를 파는 이 곳에 딱 어울리는 이름이라 할 수 있다.	서핑을 의식한 칵테일과 맥주 등을 갖춘, 그야말로 이름 그대로의 바, 서핑 보드를 사용한 간판은 바의 콘셉트를 잘 표현해 줄 것이다.

1) 유동인구에 따른 속성결합

유동인구가 많으면 무조건 고객이 많을 것으로 생각하는 경우가 많다. 이 때문에 중심상권에서 사업을 했다가 큰 손해를 보는 경우가 종종 있다. 이는 크게 잘못된 생각이다. 업종에 따라 상권을 중시해야 하는 경우도 있고, 지점을 봐야 하는 경우도 있는데 이는 동선 즉, 유동인구가 많아야 잘되는 업종이 따로 있기 때문이다.

서울의 유동인구를 볼 때 강남역은 하루 평균 20만명 이상이 오가는 중심상권이며, 잠실, 신림, 삼성역 등도 14만명 이상이 이용하는 초대형 역세권이다. 반면에 신길, 영등포구청, 약수역 등은 5,000~6,000명이 이용하는 작은 역에 불과하다. 하지만 유동인구 1위인 강남역과 253위인 영등포구청역의 전문 카페의 매출을 비교해 보면 두 군데 모두 하루 평균 200만원 안팎이다.

권리금은 강남역이 1억 8,000만원이지만 영등포구청역(유동인구 6,729명) 인근 점포는 3,000만원에 불과하다. 임대료도 월 800만원과 160만원으로 큰 차이를 보인다. 전문 카페가 유동인구에 좌우되는 업종이라면 산술적으로는 30배 이상 매출 차이를 보여야 맞다. 업종에 따라 상권분석에서 중시하는 요소가 달리해야 함을 의미한다. 이 세가지 요소를 감안해 볼 때 상권을 획일적으로 평가하거나 적용하는 것은 곤란하다. 즉, 동선을 중시해야 하는 업종의 경우 타깃층의 이용빈도가 높고 유동인구를 상대로 해야 하므로 편의점, 커피 전문점 등이 이에 해당된다.

　상권을 중시해야 하는 업종은 고객층의 주문 목적이 명확하거나 푸시 마케팅, 즉 찾아가는 서비스가 강한 업종이어야 한다. 중국음식점, 피자 전문점, 리폼서비스업, 치킨 전문점 등이 여기에 속한다. 입지를 잘 분석해야 하는 업종은 상권 반경을 명확히 해야 하는 업종이거나 반복구매가 이루어지는 상품을 판매하는 경우다. 서점, 빵집, 학원, 슈퍼마켓, 부동산중개소, 비디오 대여점, 약국 등이 그렇다. 물론 의원처럼 진료과목에 따라 입지를 중시해야 하는 경우도 있고, 동선을 중시해야 하는 경우도 있다. 예컨대, 소아과, 이비인후과, 내과, 안과 등은 입지를 중시해야 하지만 정형외과, 치과, 성형외과 등은 상권 혹은 동선을 중시해야 하기 때문이다. 최소한 업종이 어떤 유형인지만이라도 파악한다면 낮은 판매율을 최소화 할 수 있을 것이다.

<표29> 업종에 따른 분석요소

업종	내용
입지 업종	대표 업종 : 서점, 빵집, 학원 분석 요소 : 1) 가시성이 있을 것 　　　　　　 2) 출입이 용이할 것 　　　　　　 3) 주차장이 있을 것
동선 업종	대표 업종 : 편의점, 커피, 바 분석 요소 : 1) 동선이 생활선상에 있을 것 　　　　　　 2) 랜드마크와 연결선상에 있을 것 　　　　　　 3) 반대편에서 접근이 용이할 것

상권 업종	대표 업종 : 세탁소, 중국집, 약국
	분석 요소 : 1) 점포 크기가 경쟁력이 있을 것
	2) 상권의 발전가능성이 있을 것
	3) 업종 경쟁력이 강할 것

따라서 입지에 따른 상점에 영향을 크게 받지 않는 동선이 생활사
상에 가깝고 랜드마크와 연결선상에 있는 전통클래식 최고 전문가
집단이 이용하는 업종으로 입지, 상권에 의존하지 않는 동선에 부합
한 고객지속 유지와 창출이 요구된다.

인구 이동이 많은 지하철 1~8호선의 연도별 연평균 승하차 인원
을 살펴보면 다음과 같이 정리할 수 있다.

〈표30〉 연도별 일평균 승하차 인원

비고	2006	2007	2008	2009	2010	2011
합계	9,031,466	9,029,168	9,123,079	9,166,212	9,341,431	9,544,689
1호선	609,098	603,538	595,672	584,090	584,444	603,289
2호선	2,921,141	2,955,266	3,035,686	3,072,009	3,057,691	3,114,633
3호선	1,044,934	1,039,498	1,036,410	1,042,056	1,099,829	1,123,812
4호선	1,259,381	1,234,484	1,218,822	1,231,235	1,253,229	1,275,941
5호선	1,167,877	1,161,105	1,166,560	1,146,938	1,153,789	1,168,282
6호선	579,490	581,449	593,170	607,649	652,434	668,979
7호선	1,149,534	1,155,133	1,172,651	1,180,220	1,229,588	1,272,911
8호선	300,011	298,695	304,108	302,015	310,427	316,842

〈표31〉 지하철 1~8호선 일평균 승하차 인원

순위	역	승하차 인원
1위	강남	209,662명
2위	잠실	149,841명
3위	신림	147,754명
4위	삼성	209,662명
5위	서울역	135,067명
6위	홍대입구	128,037명
7위	신도림	125,735명
8위	구로디지털	125,365명
9위	선릉	121,9785명
10위	신촌	114,538명
⋮	⋮	⋮
251위	약수	7,331명
252위	동작	6,949명
253위	영등포구청	6,729명
254위	독바위	6,288명
255위	창신	6,144명
256위	동대문역사문화공원	6,010명
257위	학여울	5,948명
258위	용답	5,929명
259위	버티고개	5,229명
260위	신길	5,115명
강남역, 3코스 떨어진 학여울역의 35배		

자료 : 서울시 보도자료(2016). 지난해 서울 지하철 24억 명 이용 개통 이후 최다. 2016.03.15.

2) 살아나는 상권, 죽어가는 상권

역세권은 서울에 289개가 있다. 이를 다시 8개 상권그룹으로 나눌 수 있는데, 여기에 포함된 12개 초광역 역세권 총매출이 서울 자영업 전체 매출의 83%를 차지할 정도로 주요 역세권은 영업시장을 견인하는 중심축이라 할 수 있다.

언급한 두 개 상권의 180개 주요 업종 총매출을 정밀 분석한 결과, 전년 동기 대비 6% 하락한 것으로 나타났다. 2012년 7월 31일 기준 강북이 10.8%하락했고, 강남 역시 -3.8%였다. 강북에서 가장 매출이 급감한 지역으로는 종로2가역과 혜화역으로 평균 21%나 감소했다. 반면 성신여대역 상권은 0.8% 성장세를 보였다.

강남권에서는 3개 주요 역세권 중 여의도역 상권이 21.3% 줄어들었고, 오목교역이 -10.8%, 압구정역이 -8.9%였다. 그러나 신천, 건대입구, 이수, 신사, 사당, 매봉, 신림역 상권 등의 하락은 소폭에 그쳤다. 반면에 비활성화 역세권을 포함한 비역세권 매출은 18.3%나 줄었다. 일부 역세권을 제외하면 역세권이 비역세권에 비해 여전히 매출 우위에 있음을 보여주는 대목이다.

이처럼 역세권 매출이 점점 떨어지고 있는 것은 영업자의 역량 차이도 있지만 최근 악화된 국내외 경제 상황 때문이라는 점은 부인하기 어렵다. 우리나라 경제가 소프트패치 즉, 상승국면의 경기가 일시적으로 침체된 상황이 아니라 다시는 고도성장을 경험하지 못할 수도 있는 저성장시대에 접어들었기 때문이다.

실제로 역세권 영업이 점차 저성장형 업종으로 바뀌고 있다. 서울의 주요 상권 매출등락을 보면 그동안 꾸준히 성장했던 대표업종들보다 저가 업종의 약진이 두드러진다. 특히, 이색 업종의 전진기지로여겨졌던 주요 역세권이 누들, 편의점, 감자탕, 중국음식 등 전통업종들로 바뀌고 있는 것이다. 이에 따라 권리금도 업종에 따라 등락판도가 다르게 나타나고 있다. 편의점, 중국음식점, 제과점 등은 권리금이 높아지고 있는 반면에 성장기에 잘되는 유흥주점, 와인바, 브랜드 의류점 등은 최고 50%까지 떨어진 상태다. 그러나 가뭄이 들면 물고기들이 저수지 한가운데로 모이듯 저성장시대에는 고객들이역을 낀 광역상권으로 모이는 경향이 있기 때문에 틈새관리만 잘하면 여전히 역세권에 기회가 있다.

유념해야 할 점은 '뜨는 상권'에 있어야 한다는 것이다. 그 이유는 자영업의 경우, 매출상승과 안전성장을 기대할 수 있으며, 투자자에게는 임대료 상승을 가져와 투자가치를 높일 수 있기 때문이다.

일반적으로 뜨는 상권은 몇 가지 특징을 갖고 있다.

1. 유입인구 수가 점차 증가한다.
2. 상권 총매출이 점진적으로 늘어난다.
3. 경매물건 낙찰가율이 유사 상권에 비해 높다.
4. 대상상권 고용자 수가 증가한다.
5. 유동인구 중 20, 30대 비중이 70%를 넘는 경우가 많다.

뜨는 상권을 쉽게 알 수 있는 방법이 있다. 점포 크기가 점점 넓어진다거나 다른 유사 상권에 비해 이색 업종, 신업종이 많은 경우 또는 성형외과 치과, 피부과 등 목적 진료형 의원수가 늘어난다거나 SNS에 방문 인증샷이 늘어날 경우, 뜨는 상권으로 보면 틀림없다.

서울의 경우, 뜨는 상권은 강남, 신사, 청담, 영등포, 홍대역 등이고, 지는 상권은 인사동, 종로, 명동, 이대역 등이다. 뜨는 상권이라 할지라도 입지에 따라 업종을 달리해야 한다.

낮 시간대와 밤 시간대 유동인구가 큰 차이가 있다. 점심을 위주로 하는 업종이라면 강남역 대로변이나 동북방향의 입지가 유리하지만 야간업종이라면 서북쪽 입지가 유리함을 알 수 있다.

같은 상권이라도 어떤 업종으로 영업하느냐에 따라 입지를 달리해야 한다.

상권에 따라 업종 포지셔닝도 달라져야 한다. 신촌과 가로수길은 고객 성향이 다르므로 업종이나 가격정책이 달라야 하지만 압구정 로데오거리와 가로수길은 고객 성향이 비슷한 만큼 유사 콘셉트로 접근하되 뜨는 상권으로 가는 동선을 공략해야 한다.

로데오거리보다 가로수길 매출이 크게 늘고 있다. 특히, 의류와 바, 경양식 등은 상권크기를 감안하면 가로수길 매출이 압도적으로 높다. 고객이 가로수길로 이동하고 있다는 증거이다. 요즘은 가로수길을 기준으로 세로수길이 점차 활성화되고 있다.

⟨표32⟩ 서울지역 주요 역세권 매출 증감율

상원 명	2010년	2012년	2014년	2016	2018	2010년 대비 2018년 총매출 증감률
강남	85,001,506,995	75,868,309,459	89,723,265,166	89,344,972,870	102,510,257,789	20.6%
신사	33,307,123,257	34,420,593,234	38,879,118,142	33,071,725,827	37,331,771,642	12.1%
영등포	25,439,526,023	25,032,865,154	30,219,135,835	23,805,998,407	27,834,690,015	9.4%
홍대	43,132,657,606	42,056,763,088	48,058,508,486	41,607,558,434	44,880,438,287	4.1%
압구정	55,903,052,693	53,172,033,063	62,178,245,636	49,166,311,436	56,618,875,443	1.3%
신촌	53,426,135,228	49,686,435,017	56,232,487,305	46,505,591,410	53,876,942,508	0.8%
청담	69,494,445,158	61,618,184,900	75,045,050,430	58,270,698,736	66,841,023,851	-3.8%
이대	27,179,793,613	26,199,273,354	28,950,676,730	24,557,802,872	24,982,176,024	-8.1%
명동	19,779,370,825	18,951,947,297	20,227,772,243	17,212,282,367	17,434,218,484	-11.9%
종로	60,854,182,755	52,110,194,995	60,926,325,306	45,105,849,970	47,682,150,540	-21.6%
인사동	19,312,441,055	17,008,398,107	21,322,447,376	13,337,664,512	13,368,368,279	-30.8%

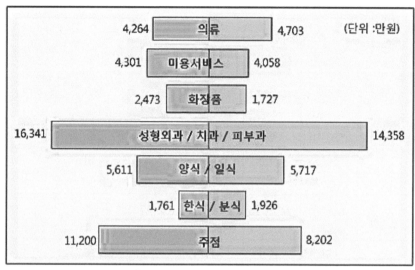

〈그림17〉 점포당 월평균매출 비교

3) 판매 수익창출 모델

일반적으로 매출만 가지고는 얼마나 벌 수 있는지 가늠하기 어렵다. 원가가 낮으면 적은 매출로도 많은 이익을 남길 수 있지만 마진이 박하면 실제로 이익이 적기 때문이다.

평균매출을 위스키와 와인으로 나누어 볼 때, 상위 30% 전후에서 평균매출이 결정된다. 하위 70%는 평균매출에도 미치지 못하는 수준인 것이다. 따라서 평균매출에서 수익률이 얼마나 되느냐에 따라 대상 업종의 유망 여부를 판단하는 중요한 잣대가 된다. 또한 한가지 사전에 참고할 점은 예상수익률, 좀 더 정확하게 말하면 영업이익률을 추정하기 위해 업종별 평균 지출비율을 기준으로 입점 조건에 따라 다르게 나타날 수 있다는 점을 고려해야 한다.

최근 1년간 자료를 기준으로 영업이익률을 분석한 결과, 의료업종을 제외한 자영업종 가운데 영업이익률이 가장 높은 업종은 어린이 영어학원으로 58.7%에 달했다. 다음으로는 아이스크림 전문점 49.2%, 커피 전문점 43.5%, 패스트푸드 41.7% 등으로 나타났다.

영업이익률이 가장 낮은 업종으로는 독서실 16.6%로 지난 1년간 가장 저조한 업종으로 분류되었고, 주유소 9.3%, 노래방 14.0%, 유기농식품점 18.8% 등은 평균매출에서 차지하는 영업이익률이 가장 낮은 업종에 속한다.

실제로 독서실은 월평균 610만원의 매출을 올리는 데 그쳐 임대료 내기도 쉽지 않다. 주유소도 출혈경쟁으로 리터당 100원을 벌기가 어렵다. 9.3%의 마진으로는 1,000드럼(1드럼=200리터)을 팔아도 운영이 버겁다. 물론 영업이익이 전부 순이익으로 연결되는 것은 아니기 때문에 더욱 그렇다.

여기에서 영업외 비용과 세금 등을 제하고 나면 순이익은 얼마 되지 않는다. 따라서 평균매출이 높다고 해서 무조건 유리한 업종이라고 보는 것은 대단히 위험하다.

통상 평균매출은 상위 20%의 매출이 평균을 견인하기 때문에 나타나는 착시현상일 수도 있다. 홍대앞 저가 와인카페를 운영하는 사업자는 매출이 크게 늘어나자 건물주로부터 임대료를 100% 인상한다는 통지를 받고 어쩔 수 없이 점포를 옮겨야 하는 상황이 발생했다. 주변에서는 큰 돈을 벌었다고 했지만 실제로는 임대료를 턱없이 올리려는 건물주의 횡포에 버는 건 고사하고 이전비와 마케팅 비용까지 추가로 써야 하는 난처한 입장이 된 것이다.

이처럼 입지에 따라 변수가 많기 때문에 매출이나 영업이익률만으로는 판단하기가 쉽지 않다. 그러나 통상 주류 음식업의 경우, 평균 영업이익률은 18~23% 수준으로 보면 틀림없다.

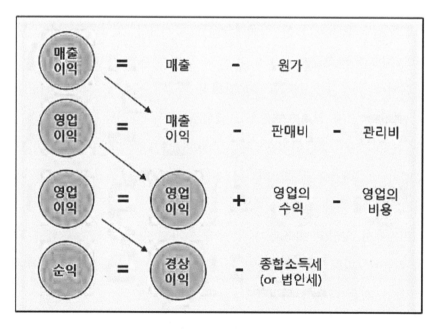

〈그림18〉 순익 산출요소

4) 홍보이벤트 실천전략

강남구 청담동 SSG푸드마켓에서 2016년 1월 7일부터 10병 한정 판매되고 있는 싱글몰트 위스키 맥캘란을 수입 판매하는 에드링턴코리아와 제휴하여 한국에 단 10병의 2,800만원 짜리 명품 위스키를 소수의 특별고객에게 한정적으로 판매하는 이벤트를 만드는 것도 한 방법이 될 것이다.

싱글몰트 위스키 맥키 '맥갤란 라리끄 5 스피리츄얼 홈 에디션'을 기획하여 와인바 스페셜 음용축제로 기획하여 라리끄가 수작업으로 제작한 크리스털 디캔터에 62년 숙성된 위스키 원액을 담아 전 세계에서 400병 한정 생산된 한국에는 단 10병만 판매된다는 희소성과 최고의 가치성에 착안하였다.

최고의 위스키 선호 로얄고객을 대상으로 파격적인 이벤트를 통해 매출증진의 전환기회로 활용한다면 위기극복과 새로운 시도에 따른 자신감을 갖게 됨과 동시 자사 이미지를 알리는 기회가 될 수 있을 것이다.

〈표33〉 다양한 홍보수단

휴대용 티슈	홈페이지
전단지보다 실용적인 티슈는 사람들이 받아줄 확률이 높다. 할인권을 붙여 놓으면 효과는 더욱 커진다. 또한 티슈는 사용하기 편리한 주변에 놓아 둘 가능성이 높으므로 눈에 띄었을 때 '한번 들러 볼까?'라고 생각하는 사람도 있을 수 있다.	자신의 홈페이지를 만들어 어필하는 방법도 있지만, 음식점 전용 검색 사이트 등에 광고를 싣는 쪽이 좀 더 효과적이다. 전문 사이트이기 때문에 검색 확률도 높아 자신의 사이트보다 많은 사람들이 볼 가능성이 크다.
주요 고객에 인사 DM보내기	**입소문**
바를 자주 이용하는 고정고객에 인사를 겸해 할인권 등을 DM으로 소식과 함께 보내 바의 존재를 알린다.	입소문보다 좋은 홍보는 없다고 할 정도로 영향력이 크다. 자신의 지인 등에게 직접 들은 정보는 신용도도 높기 때문에 입소문을 들은 사람이 바를 찾아올 확률 또한 높다. 고객 한 사람의 인상이 그대로 전달되는 만큼 평소 고객 응대에 정성을 다해 긍정적 구전과 추천을 적극 알선한다.
홍보 포인트는 바로 이것!	
바의 이름, 주소, 전화번호, 콘셉트, 바의 특징, 홈페이지 주소, 영업시간, 추천 메뉴, 할인권 등 수시 DM, 이벤트 소셜 네트워크를 통해 정기적으로 실행한다.	

홍보 이벤트 실천전략

    강남구 청담동 SSG푸드마켓에서 2016년 1월 7일부터 10병 한 정판매되고 있는 싱글몰트 위스키 맥캘란을 수입 판매하는 에드 링턴코리아와 제휴, 한국에 단 10병밖에 없는 2,800만원짜리 명 품 위스키를 소수의 특별고객에게 한정적으로 판매하는 것도 한 방법이 될 것이다.

    싱글몰트 위스키 맥키 '맥갤란 라리끄 5 스피리츄얼 홈 에디 션'을 와인바 스페셜 음용축제로 기획하여, 라리끄가 수작업으로 제작한 크리스털 디캔터에 62년 숙성된 위스키 원액을 담았다.
    전세계에서 400병 한정 생산되었으며 한국에는 단 10병만 판매 된다는 희소성과 가치성에 착안하여, 최고의 위스키 선호로얄고객 을 대상으로 하는 파격적인 이벤트를 통해 매출증진의 전환기회 를 갖는다. 이는 위기극복과 새로운 시도에 따른 자신감을 갖게 됨과 동시 자사 이미지를 알리는 기회가 될 수 있을 것이다.

5) 세계적 와인 마스터 초빙 이벤트 개최

와인장인으로 통하는 영국의 로라 주엘 테스코그룹 와인개발 총괄 디렉터가 2016년 1월 14일 한국을 찾았다. 그는 영국 와인마스터협회(IMW)가 인정한 전 세계 312명 장인 가운데 한명으로, 테스코그룹에서 판매하는 연간 4억 5,000만병의 와인 구매를 책임지고 있다.

그의 방한 이유는 테스코 그룹이 자체 상표를 붙여서 판매하는 와인 '파이니스트'를 알리기 위해서다. 파이니스트는 그를 포함한 5명으로 구성된 테스코그룹 와인팀이 전 세계 와인 산지를 다니며 직접 개발한 와인으로, 고급와인의 품질을 유지하면서 저렴한 가격으로 공급하기 위해 노력하고 있다. 이 와인을 선보인 아시아 4개국 가운데 한국을 가장 먼저 찾았는데, 2016년 1월 14일 서울 여의도 콘래드호텔에서 가진 간담회에서 한국은 아시아에서 가장 발달한 와인시장이며 한국에서 얻은 경험을 다른 시장에도 적용할 수 있을 것이라고 밝혔다.

무엇보다도 한식이 와인과 잘 어울리는 점에 주목하여, 파이니스트 상표로 나오는 와인 130종 가운데 불고기나 갈비 등 한식과 잘 어울리는 와인들이 많다며 한국인들이 일상적으로 와인을 마시면서 다양한 산지의 고품질 와인을 많이 찾기 때문에, 한식과 와인의 접목을 통한 시장확대와 매출증진을 위한 이벤트를 만들기에 좋은 기회임을 강조했다.

와인 장인이 되고 나서 그의 삶은 많이 달라졌다고 한다. 전 세계 와인 장인 가운데 여성은 90명뿐이며, 남성 중심인 와인산업에서 소수이기 때문에 오히려 활동할 때 영향력이 크다.

와인장인이 되기 위한 과정은 매우 힘들지만, 합격 후 유명 와인 제조자들을 만나 직접 와인시장을 개척하고 고객들을 만나며 더 많은 신뢰를 받게 된다. 세계 최고의 전문가들을 초빙한 와인애호가나 동호회원들을 대상으로 한 정보교류나 시음회 등을 통해 신뢰를 얻고, 신상품 개발 및 저변확대에 좋은 소재로 활용함이 호기나 매출상승을 위한 전환의 계기가 될 수 있을 것이다.

4. 고객만족 전략

고객만족을 위해서는 잠재고객발굴부터 충성고객을 통한 수익성 강화에 이르기까지 단계별 관리를 적용하여야 한다.

홍보활동과 점포방문 유인을 통해 잠재고객을 발굴하며 관계를 형성하고, 고객을 기억하고, 서비스매뉴얼을 활용한 기본에 충실한 응대를 통해 우수고객 육성과 유지로 고객관의 관계를 유지할 수 있다.

또한 지속적인 관심과 고객 D/B를 활용한 서비스를 실시함으로써 고객의 이탈을 예방하고 관계를 강화시켜 VIP 마케팅이나 장기적 관점의 보상 프로그램을 활용하여 충성고객의 수익성 강화를 통해 관리를 할 수 있는데, 이를 도식화하면 다음과 같이 나타낼 수 있다.

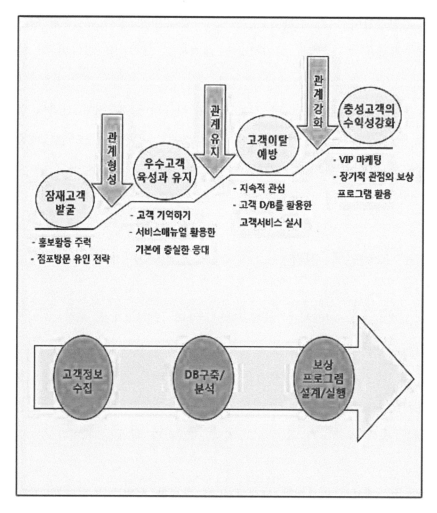

〈그림19〉 단계별 고객관계관리

<표34> 고객만족 전략

고객 불평/불만 발생원인	고객만족 전략
고객의 기대와의 차이	상품&서비스 모두 고객의 기대하지 못한 수준까지 제공
상품 자체 결함/하자	상품&서비스의 지속적 품질관리와 친절하고 신속한 대응
약속/거래조건 불이행	약속은 반드시 지키고, 부득이한 경우 사전 양해를 구함

바람직한 고객 불평/불만 대응에 따른 효과	고객유지율 증가로 장기적/지속적 이윤창출
	비용절감, 확장 마케팅이 아닌 경기 상승시 까지 지속유지보완 전략으로 단계별 상승 목표화
	마케팅 및 경험활동에 유용한 정보로 활용
	신뢰성 전파에 따른 구전효과를 최대한 높여 활용

AS-IS	TO-BE
-회원제도 개요 ●회원/비회원 구분 ●회원 등급 없음 ●관리프로그램 활용도 저조 -회원가입시 특전 ●회원 가입 후 2회 차 방문부터 2인 기준 할인혜택 제공 ●가입시, 주중 주말 구분 파격적 50% 할인원 제공 ●주말 이용시, 50% 할인	-회원 등급제 도입 ●33등급제 도입: 임시회원, 준회원, 정회원(관리 프로그램 지원가능) ●고객이 "내가 특별화된 대우를 받고 있다" 고 인지할 수 있도록 등급별 차별화된 서비스 제공 필요 -회원 등급 정의 ●임시회원 : 분기 1회 이내 방문 고객 ●준회원 : 월1회~2회 방문 고객 ●정회원 : 월 3회 이상 방문 고객

부록

창업 및 업종 전환, 신규사업 가이드

〈표 1〉 외식산업의 구성요소

외식산업의 구성요소				
가격	식음료	인적서비스	물적서비스	편리성

〈표 2〉 외식기업 경영형태의 장·단점

방법 구분	초기투자	경험도	사업운영 책임도	실패율	재정 위험도	보상
직영	높다	높다	높다	높다	높다	높다
가맹	보통 이하	최저	보통	보통	보통	보통 이상
인수	보통	높다	높다	높다	높다	높다
위탁	없음	보통 이상	보통	보통	보통	보통 이하

〈표 3〉 업종별 분류

외식산업	음식중심	일반음식점	일반음식점	한식점
				일식점
				양식점
				중식점
				기타
			특수음식점	열차식당
				항공기내식당 기내사업
				선박 내 식당
			숙박시설 내 음식점	호텔 내 식당
				리조트,콘도,여관 내 식당(1970년 이전)
		단체음식	학교	초,중,고,대학
			기업	구내식당
			군대방위시설	군대
				전투경찰
				경찰
				교도소
			병원	구내식당
			사회복지시설	연수원
				양로원
				고아원
	음료중심		찻집,술집	커피전문점
				호프집
				술집(대중유흥업소)
			요정,바	요정
				바
				카바레
				나이트클럽, club

〈표 4〉 한식의 유형별 종류

품목	세부종목	품목	세부종목
해물류	조개찜 조개구이 게찜 바닷가재찜 낙지볶음 굴회 오징어볶음	전류	파전 빈대떡 모듬전 오코노미야키
생선류	갈치구이 코다리찜 광어회 장어구이 장어직화 장어양념구이	국물류	된장찌개 부대찌개 청국장 순두부 북어국
육류-쇠고기	쇠고기등심 쇠고기갈비 쇠고기 불고기 쇠고기 샤브샤브	디저트류-빵	샌드위치 초콜릿 케이크 와플 바게트
육류-돼지고기	돼지고기 삼겹살 돼지갈비 돼지등갈비	디저트류-음료	생과일주스 아이스크림 빙수 생과일 요거트 스무디
육류-닭고기	닭튀김 삼계탕 닭강정 닭갈비	디저트류-커피	커피 북카페 애견카페 키즈카페
육류-족발	족발 냉족발 오븐구이족발 쌈족발	출장음식	도시락 제사음식 홈파티
면류	자장면 짬뽕 냉면 잔치국수 메밀	주류	소주 맥주 생맥주 와인 막걸리
탕류	갈비탕 샤브샤브 설렁탕 삼계탕 매운탕	분식류	순대류 튀김 떡볶이 우동 김밥
한식	비빔밥 패쌈밥 영양밥 김밥 죽	뷔페류	패밀리뷔페 해산물뷔페 고기뷔페 샐러드뷔페 디저트뷔페 채식뷔페

〈표 5〉 외식업계 업종별 트렌드 핵심 (키워드)

창업할 수 있는 외식 종목들 간 콜라보레이션(모둠+조합) 메뉴

업종	키워드	상세 키워드
한식	건강한 삶과 간편식 시장확대	4S(safety, show, self, single), 건강, 간편식, 유기농, No MSG, 오픈키친, HMR
패밀리 레스토랑	감성을 추구하는 융복합화	콜라보레이션, 감성, 시장 다각화, 초니치 마켓
치킨	카페형 매장과 스포츠 마케팅	가치소비, 힐링, 프리미엄, 싱글족, 치맥 스포츠 마케팅, 간편식, 안전, 차별화, SNS
주점	복고와 엔도르핀 디쉬	복고, 감성, 소형화, 차별화, SNS 콜라보레이션, 인테리어, 합리적 가격
커피	고급 원두와 부티크 매장	웰빙, 건강한 재료, 소형화, 전문화, 차별화, 콜라보레이션, 고급화, 부티크, 복고, 인테리어, 사회공헌, 해외진출
피자	웰빙과 프리미엄의 합리적 소비	웰빙, 고급화, 합리적 가격, 안전 · 안심, 스포츠마케팅, 복고 · 향수, 엔도르핀 디쉬, 콜라보레이션, 소형화, 건강한 재료, 싱글족
이탈리안 레스토랑	착한 소비와 건강한 식생활	착한 소비, 오가닉, 건강, 와인
분식	합리적인 가격과 콜라보레이션	콜라보레이션, 소형화, 프리미엄, 합리적 가격, 소량화, 간편식, 싱글족
패스트푸드	안전하고 합리적인 가격	합리적 가격, 간편식, 싱글족, 안심 · 안전
디저트	매스티지족의 진정성	콜라보레이션, 건강한 재료, 진정성, 유기농, 프리미엄, 인테리어, 독창성

〈표 6〉 소비자 유형별 기호와 변화

소비자 진화 양상 단계 ▼	새로운 소비자 집단 ▼
마담슈머(Madame + Consumer) 구매 결정권을 가진 주부들의 시각에서 제품 평가	**바이슈머(Buy + Consumer)** 해외에서 판매되는 물품을 직접 구입하는 소비자 (직구족)
⇩ **트라이슈머(Try + Consumer)** 기존 정보에 의존하지 않고 제품을 직접 써본 뒤 평가	**모디슈머(Modify + Consumer)** 제조업체에서 제시하는 방식이 아닌 자신만의 방법으로 재창조 해내는 소비자
⇩ **크리슈머(Creative + Consumer)** 신제품 개발이나 디자인, 서비스 등의 문제에 적극 개입해 의견을 제시	**스토리슈머(Story + Consumer)** 기업에 제품과 관련된 자신의 이야기를 적극적으로 알리는 소비자
⇩ **프로슈머(Producer + Consumer)** 제품의 생산단계에 직접 관여하거나 소비자가 생산까지 담당	**쇼루밍족(Showrooming)** 오프라인 매장에서 제품을 보고 온라인을 통해 저렴하게 구매하는 소비자(실속 중시) VS **역쇼루밍족(Reverse Showrooming)** 온라인에서 검색을 통해 제품을 결정한 뒤 오프라인에서 구매하는 소비자
⇩ **가이드슈머(Guide + Consumer)** 기업의 생산현장을 검증하고 잘못된 점은 지적, 잘한 점은 홍보	

〈표 7〉 외식 브랜드의 구성 요소

브랜드 아이덴티티	브랜드 네임, 브랜드 로고, 브랜드 컬러, 브랜드 캐릭터, 브랜드 슬로건
메뉴	메뉴 구성, 원재료 선택, 조리 방식, 메뉴명, 프리젠테이션, 식기 선택, 메뉴 제공 방식
서비스	서비스 정도, 서비스 방식, 서비스 특성
분위기	SI(Store Identity), 음악(music), 조명(lighting), 유니폼(uniform), 사인(signage)
입지	지역, 입점 형태(free standing/building-in)
가격	가격, 좌석회전율, 식재료비, 인력 및 인건비, 임대료 수준, 할인정책

〈표 8〉 브랜드 아이덴티티의 도출

기능적 속성	맛의 동질성, 볼의 차별성, 메뉴의 다양성, 양의 풍부함, 시간 절약, 이벤트의 독창성, 접근 편의성, 인테리어의 간결성, 가격대비 맛과 양, 가격의 합리성		
이성적 혜택	통일성, 신속성, 다양성, 합리성, 편리성, 독창성, 전문성		
감성적 혜택	신선함, 생동감, 젊음	친근함, 즐거움, 정겨움	편안함, 재미있음
성격	▼ 독특함	▼ 공유성	▼ 편안함
브랜드 아이덴티티	⇩ 스파게티로 특화된 캐주얼 레스토랑		

〈표 9〉 브랜드 콘셉트 키워드의 개발

키워드	내용
다양성	메뉴와 이벤트의 다양성
통일성	각 매장 간 메뉴의 맛, 인테리어의 동질성
합리성	가격대비 맛과 양, 서비스의 만족감
신속성	시간 절약
전문성	네이밍에서의 전문성, 메뉴의 전문성
편리성	접근과 이용, 서비스의 편리성
신선함	음식의 신선함, 신선한 식자재, 이벤트와 제공 방식(홀서비스)의 새로움
생동감	동적이고 활발한 분위기, 생동감 있는 인테리어
젊음	매장 분위기, 주된 색상, 방문하는 고객과 직원의 젊음
친근함	고급스럽지 않고 대중적이며 부담스럽지 않은 친근함
즐거움	밝고 화사한 인테리어와 가격대비 맛과 양이 좋은 것에서 오는 즐거움
정겨움	오픈된 주방이나 인테리어, 함께 나눠먹는 정겨움
편안함	인테리어의 편안함, 위치의 편안함, 서비스나 가격 등의 심리적 편안함
재미	이벤트의 재미, 메뉴를 고르는 재미, 홀서비스의 재미
독특함	홀서비스의 독특함, 패밀리레스토랑과는 다른 분위기와 서비스
공유성	음식을 나눔으로서 얻게 되는 정서의 공유

〈표 10〉 콘셉트 도출 사례

고객 이미지	개성을 추구하는 여대생 (20대 여성)	해외여행 경험이 있는 젊은 세대	신세대 직장인	자유 직업가와 보보스족	아침 일찍 출근하는 직장인
고객 이익	자신만의 공간, 자유롭게 대화	해외에서 경험한 커피 맛	친구와 여유로운 대화, 독특하고 맛있는 장소	다양한 커피 선택, 노트북 PC이용	간단한 빵과 커피
입지 이미지	이대 앞, 대학로, 프레스센터, 명동역, 강남역, 삼성역, 코엑스, 역삼역, 광화문				
고객 서비스	창가 쪽 1인 좌석, 자유공간, 바리스타, 테이크아웃 서비스, 고객 맞춤 커피, 무선 랜 서비스, 포인트제도, 페이스트리				
고객 시나리오	창가에서 음악을 들으며 혼자 책을 본다, 커피향이 나는 포근한 소파에서 친구와 부담 없이 대화한다. 여자 친구와 극장에 가기 전에 만나서 영화 이야기를 하며 즐긴다, 직장 동료와 점심 식사 후 커피를 테이크아웃하여 마신다. 여기저기 뛰어다니다 자투리 시간에 무선 랜을 이용하여 업무를 한다, 일찍 출근하여 회사 근처에서 여유로운 아침을 시작한다.				
목표 콘셉트	세계 최고의 커피를 주문하여 직접 에스프레소 방식으로 즐길 수 있는 커피숍, 혼자 있을 때는 편안하게, 친구와 같이 있을 때는 즐겁게 대화할 수 있는 커피숍, 고객의 오감을 만족시켜주는 문화가 있는 커피숍				

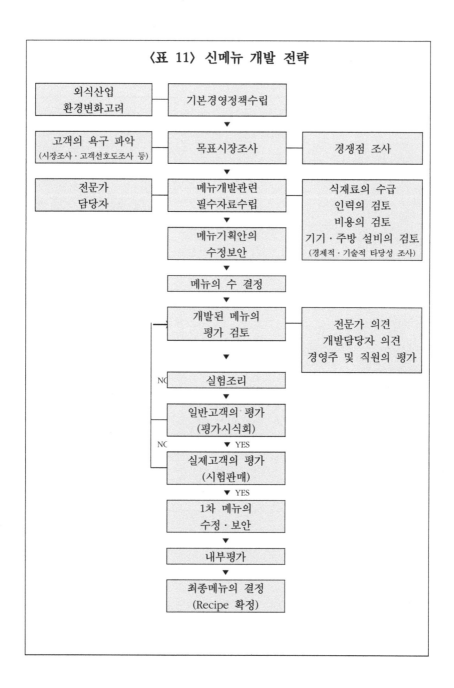

〈표 11〉 신메뉴 개발 전략

외식산업 환경변화고려	기본경영정책수립	
고객의 욕구 파악 (시장조사 · 고객선호도조사 등)	목표시장조사	경쟁점 조사
전문가 담당자	메뉴개발관련 필수자료수립	식재료의 수급 인력의 검토 비용의 검토 기기 · 주방 설비의 검토 (경제적 · 기술적 타당성 조사)

메뉴기획안의
수정보안
▼
메뉴의 수 결정
▼
개발된 메뉴의
평가 검토 ── 전문가 의견
　　　　　　 개발담당자 의견
　　　　　　 경영주 및 직원의 평가
▼
NO　실험조리
▼
일반고객의 평가
(평가시식회)
NO　▼ YES
실제고객의 평가
(시험판매)
▼ YES
1차 메뉴의
수정 · 보안
▼
내부평가
▼
최종메뉴의 결정
(Recipe 확정)

⟨표 12⟩ 메뉴의 적합성 평가

주요항목 및 평가요소	세부검토사항	
소비기호 (연령별, 직업별)	• 타깃연령대가 좋아하는 음식인가? • 음식이 깔끔하고 정갈한가? • 타깃연령대의 수준에 적합한가? • 계절 메뉴나 계절 식재료를 사용할 수 있는가? • 건강식, 다이어트식, 기능식인가? • 맛 유지와 양은 적절한가? • 메뉴가격대는 어떤가? • 어린이용 메뉴구비와 디저트는 준비되어 있는가? • 가족고객이 좋아하는가? • 단순식사로 적합한가? • 메뉴북은 깨끗하고 설명이 충분한가? • 행사메뉴(모임, 회식, 기타)로 적합한 메뉴인가?	
점포, 입지, 시장	• 주변 시장의 가격대는? • 접근성(편리성)은? • 시장성(시장수요)은? • 적합한 건물인가? • 경쟁상태는? • 성장 가능한 입지인가? • 유동인구는 얼마나 되는가? • 주차시설은 되어 있는가?	• 혐오시설은 없는가? • 홍보성(가시성)은? • 적합한 입지인가? • 점포규모는? • 상권내의 외식 성향은? • 집객 시설이 있는가? • 유동차량은 얼마나 되는가?
경영효율 (경영관리 계수관리)	• 매출이익은? • 객단가는? • 메뉴관리는 용이한가? • 점포관리는? • 구매의 난이도는?	• 회전율은? • 원가(재료비,인건비,제경비)는? • 서비스의난이도는? • 경영주의 메뉴 이해도는? • 직원 채용은?
식사형태	• 조식 • 중식 • 간식 • 석식 • 미드나이트	
판매방식	• 내점(Eat in) • 배달 • 포장판매 • 복합판매 가능성은?	

〈표 13〉 외식 브랜드 주기별 커뮤니케이션 전략

도입기 (사업홍보)	• 모델샵의 영업 활성화에 총력 • 언론에 기사화 • 브랜드 인지도 제고를 통해 계약 유도 • 체험마케팅을 통한 점포 이용유도 • 예비창업자 홍보
성장기 (성공모델의 정착)	• 기획 사업설명회 개최(명강사 초청 등) • 도입기보다는 광고 홍보 효력감소 • 성공사례 만들기 • 성공사례를 바탕으로 한 현장 확인계약 실적 기대 • 경쟁업체 진입 시 탄력적으로 시장 전략 전개
성숙기 (브랜드지명도 확대)	• 성공사례를 중심으로 한 계약 실적 증가 • 브랜드 정체성 관리 강화(표준화, 전문화, 단순화) • 유지광고/홍보시행 • 브랜드 이미지 관리 • 메뉴개발 및 보완
쇠퇴기 (현상유지/ 신규사업)	• 계약실적 쇠퇴 • 브랜드파워 유지 • 고객욕구 분석을 기초로 한 사업 컨셉 조정 • 재정비 및 제2브랜드 런칭 • R&D 성장전략

〈표 14〉 라이프 사이클에 따른 단계별 관리전략

구분	도입기	성장기	성숙기	쇠퇴기
소비자	소비 준비	소비 시작	소비 절정	소비 위축
경쟁업소	미약	증대	극대	감소
창업시기	창업 준비	창업 시작	차별화	업종변경
매출	조금씩 증가	최고로 성장	평행선	하락
제품 (메뉴)	지명도 낮다	지명도 급상승 및 모방 시작	지명도 최고 제품의 다양화	신 메뉴로 대체시기
유통 (판매)	저항이 높고 점두판매위주	저항 약화되고 주문이 쇄도	주문감소 가격파괴현상	가격파괴절정 생존경쟁으로 재정비
촉진	광고 및 PR 활동성행	상표를 강조하고 경쟁적	캠페인활동 성행 및 제품의 차별성 강조	수요는 판촉에 비해 효과가 미흡
가격	높은 수준	가격인하 정책실시	가격최저로 가격에 민감	재정비에 따른 가격 인상정책
커뮤니 케이션	체험마케팅을 통한 이용유도	성공사례를 바탕으로 현장실적기대	유지강화 브랜드 정체성 관리강화, 성공사례를 중심으로 계약실적증가	계약실적 쇠퇴, 신규사업진출 모색, 고객욕구분석으 로 사업 컨셉 조정
진행기간	1년차	2년차	3년차	4년차

<표 15> 외식산업의 소득 수준별 발전

구분	GNP($)	성장과정	주요업체등장
1960년대	100 ~200	식생활의 궁핍 및 침체기(6·25전쟁 후), 밀가루 위주의 식생활 유입(미국 원조품), 분식의 확산 및 식생활 개선 문제 부상	뉴욕제과(67), 개업업소 및 노상 잡상인 대량 출현
1970년대	248 ~ 1,644	영세성 요식업의 우후죽순 출현, 경제 개발 계획에 따른 식생활 향상, 해외브랜드 도입 및 프랜차이즈 태동, 국내프랜차이즈 시작 : 난다랑(79.7), 서구식 외식업 시작 : 롯데리아(79.10)	가나안제과(76) 난다랑(79) 롯데리아(79)
1980년대 초반	1,592 ~ 2,158	외식 산업의 태동기(요식업→외식산업), 영세 난립형 체인점 출현(햄버거, 국수, 치킨 등), 해외 유명브랜드 진출 가속화	아메리카(80) 윈첼(82) 짱구짱구(82) 웬디스(84) KFC(84) 장터국수(84) 신라명과(84) 등
1980년대 후반	2,194 ~ 4,127	외식산업의 적응 성장기(중소기업, 영세업체난립), 식생활의 외식화·레저화·가공식품화 추세, 패스트푸드 및 프랜차이즈 중심 시장 선도, 패밀리 레스토랑·커피숍·호프점·베이커리·양념치킨 등 약진	맥도날드(86) 피자인(88) 코코스(88) 도투루(89) 나이스데이(89) 만리장성(86)
1990년대 초반	5,569 ~ 10,000	외국산업의 전환기(95년 산업으로서 정착), 중·대기업의 신규진출 러시 및 유명브랜드 도입, 프랜차이즈 급성장 및 도태, 시스템 출현(외식근대화)	나이스데이 씨즐러 스카이락 TGIF 등 아웃백, 빕스, 베니건스, 애슐리, 마르쉐 등

구분	GNP($)	성장과정	주요업체등장
1990년대 후반	6,500 ~ 9,800	IMF로 경기침체, 전체적인 침체, 불황 중 실직자들의 생계수단과 고용 창출 효과, 침체기에도 꾸준한 성장을 이룸, 다양한 형태의 소비패턴에 따른 점포의 변화	서울 경기지역 외식기업 포화 상태로 지방음식의 체인화와 수도권 중심의 패밀리 레스토랑의 지방 진출과 발전
2000년대 초반	10,000-15,000	웰빙 문화로 인한 패스트푸드의 변화, 광우병파동으로 일부 산업 심각한 타격, 조류독감으로 치킨업계 일시적인 위기, 꾸준한 발전으로 전체 국민 노동력의 50%이상 고용 창출한 거대산업으로 발전	프랜차이즈 포화, 국내 브랜드 등장
2000년대 후반	15,000-21,500	국내브랜드 프랜차이즈 대거 등장 및 대기업·식품업계의 외식산업 진출, 대기업 3세들의 외식산업진출(신세계:스타벅스로부터시작-투썸플레이스 등)	(할리스, 카페베네 등)
2010년대 초반	21,500 ~ 25,000	경기침체와 세월호 사건으로 인한 외식위주의 식단이 집으로 이동, 정부규제에 의한 외식분야와 식품분야의 위축	대기업 진출에 대한 정부규제, 상생과 공생의 기업 논리
2010년대 후반	25,000 ~ 30,000	대기업 외식산업이 상생과 공생을 내세운 중소기업 외식 정책으로 변화, 대기업의 외식산업 진출 금지, 외식문화의 침체기와 과다 경쟁	CS를 통한 기업 이익과 고객만족 공존

〈표 16〉 한국의 외식산업 발전과정

연대	발전내용	주요업체
1960년대 이전	• 전통 음식점 중심의 음식업 태동기 • 식생활 및 식습관의 가내 주도형 • 식량지원 부족(생존단계)	• 이문설렁탕(1907) • 용금옥(1930) • 한일관(1934) • 조선옥(1937) • 안동장(1940) • 고려당(1945) • 남포면옥(1948)
1960년대	• 6 · 25전쟁 후 식생활 궁핍 및 음식업 침체기 • 혼분식 확산(미국원조 밀가루 위주의 식생활)	• 삼양라면 최초 시판(1963) • 비어홀(1964) • 코카콜라(1966) • 뉴욕제과 신세계 본점 프랜차이즈 1호점(1968)
1970년대	• 해외브랜드 도입기 • 프랜차이즈 태동기 • 대중음식점 출현	• 난다랑(1979) 국내 프랜차이즈 1호 • 롯데리아(1979) 서구식 외식 시스템 시발점
1980년대	• 외식산업 전환기 • 해외브랜드 진출 가속화 • 국내 자생브랜드 난립 • 부산 아시안 게임(1986) • 서울 올림픽(1988)	• 아메리카나(1980) • 서울 프라자 호텔이 여의도 전경련 빌딩, 프라자(한식당), 도원(중식당), 연회장 운영(1980) • 윈첼도우넛, 버거킹(1982) • 서울 프라자호텔 열차식당 운영(1983) • 웬디스, 피자헛, KFC(1984) • 맥도널드(1986) • 피자인, 코코스, 크라운베이커리, 나이스데이, 놀부보쌈(1988)

연대	발전내용	주요업체
1990년대	• 외식산업 성장기 • 대기업 외식산업 진출 • 패밀리레스토랑 진출 • 전문점 태동	• TGIF 판다로시(1992) • 시즐러(1993) • 데니스, 스카이락, 케니로저스 (1994) • 토니로마스, 베니건스, 블루노트, BBQ(1995) • 마르쉐(1996) • 칠리스, 우노, 아웃백스테이크하우스(1997)
2000년대	• 외식산업의 전성기 • 식품업계의 외식산업 진출 • 대기업의 외식산업 점령 • 골목상권 장악 • 자금력에 의한 규모화	• 커피(음료)전문점의 강세, 포화 • 해외진출사례 (할리스 토종브랜드)
2010년	정부의 규제와 경기침체로 인한 외식산업 침체기, 외식업의 다양화를 통한 커피전문점의 활성화를 꾀하고 있으나 국내포화로 인한 도산위기, 해외진출의 판로가 절실	• 첫손님가게(2013년2월) -기부문화의 정착 • 공생과 상생의 기로 • 대기업의 골목상권진출 금지 등
2020년	• 프랜차이즈를 중심으로 한 한류 K-Food 확산 • 해외 진출 본격화 • 맛, 웰빙, 디테일이 주도 • 성장 정체	• 놀부 NBG • 치킨 브랜드 • CJ 푸드빌 해외 100호점(2012) • 파리바게트(2015년 해외 200호점 개설)

〈표 17〉 국내 프랜차이즈 산업의 변천사

시대별	구분	주요 브랜드 및 이슈
1970년대	**태동기** • 프랜차이즈 산업모델 국내 첫선 • 기업형 프랜차이즈 탄생	• 1977년 림스치킨 • 1979년 7월 국내 프랜차이즈 1호점 난다랑(동숭동) • 1979년 10월 롯데리아 소공동
1980년대	**도입 및 성장기** • 패스트푸드 도입에 따라 대기업 외식업진출 • 해외 패스트푸드 프랜차이즈 국내 진출 • 한식 프랜차이즈시작 (놀부보쌈/송가네왕족발/감미옥 등) • 88서울 올림픽 개최	• 1982년 페리카나 • 1983년 장터국수 • 1984년 KFC/버거킹/웬디스 • 1985년 피자헛/피자인/베스킨라빈스 • 1986년 파리바게트 • 1987년 투다리 • 1988년 코코스 • 1989년 도미노피자/놀부/멕시카나
1990년대	**성숙기** • 국내 프랜차이즈 기반 구축 • 국내 최초 패밀리 레스토랑 개념 도입 • 1988년 외환위기 • 1989년 (사)한국 프랜차이즈산업협회 설립	• 1990년 미스터피자 • 1991년 원할머니보쌈/교촌치킨 • 1992년 맥도날드/TGIF 사업개시 • 1993년 한솥도시락/미다래/파파이스 • 1994년 데니스/던킨도너츠 • 1995년 베니건스/토니로마스/씨즐러/BBQ • 1996년 김가네/마르쉐/쇼부 • 1997년 빕스/아웃백스테이크/칠리스/우노 • 1998년 쪼끼쪼끼/스타벅스/코바코 • 1999년 BBQ 국내 최초 가맹점 1000호점 달성 • 1999년 (사)한국프랜차이즈협회 설립인가

시대별	구분	주요 브랜드 및 이슈
2000년대	**해외진출 초창기** **일부 업종 포화기** • 국내 외식브랜드 중국, 일본 등 해외진출 가속화 2002년 한일 월드컵 개최 • 치킨프랜차이즈 붐업	• 2000년 미소야, 투다리 중국 청도 진출 • 2001년 퀴즈노스/매드포갈릭/사보텐/파스쿠찌 • 2002년 파파존스/본죽, 분쟁조정협의회 설치 • 2003년 프레쉬니스버그/명인만두/피쉬앤그릴/BBQ 중국 진출 • 2004년 크리스피크림도넛 • 2005년 뚜레쥬르 중국 진출 • 2006년 토다이, 놀부 일본 진출 • 2007년 BBQ 싱가포르 진출
2010년대	**저성장기** **해외진출 가속화** • 식재료 수급 불안정 • 해외진출 가속화 • 외식업관련 법과 제도 정비 • 중소기업 적합업종 선정 • 대기업 빵집 사업 철수 • 공정위 모범거래기준안 발표 • 가맹사업법 추진 • 음식점 금연구역 전면시행(2015) • 디저트 업종 활성화 • 일본, 유럽 등 해외디저트브랜드 도입 활발 • 소프트아이스크림, 팥빙수, 츄러스 등 브랜드 활성화	• 2010년 채선당 인도네시아 진출 • 2012년 파리바게뜨 중국 100호점, CJ푸드빌 해외 100호점 • 2011년 놀부 NBG, 美 모건스탠리PE에 지분 매각, 제스터스, 잠바주스, 망고식스 • 2012년 베코와플, 투뿔등심, 와플트리, 모스버거 • 2013년 바르다김선생, 고봉민김밥, 설빙, 깐부치킨, 이옥녀팥집, 족발중심, 미스터시래기, 고디바, 소프트리 • 2014년 자연별곡, 올반, 계절밥상 등 한식뷔페 • 2015년 11월 미스터 피자 중국 100호점 출점 • 2015년 12월 파리바게트 해외 200호점

〈표 18〉 시대별 외식브랜드(메뉴)콘셉트의 변화추이

메뉴	시대	외식 브랜드
햄버거	1980~1985	롯데리아, 아메리카나, 빅웨이
면류	1986~1988	장터국수, 다림방, 다전국수, 민속마당, 국시리아, 참새방앗간
양념치킨	1988~1990	페리카나, 처갓집, 림스치킨
보쌈	1990~1992	놀부보쌈, 촌집보쌈, 할매보쌈
우동		언가, 천수, 나오미, 기소야
신개념퓨전 레스토랑		(피자, 햄버거, 아이스크림, 통닭 등 모두 판매) 굿후렌드, 코넬리아, 아톰플라자, 해피타임
쇠고기뷔페	1992~1993	엉클리 외
커피		쟈뎅, 미스터커피, 왈츠, 브레머
피자	1993~1994	시카고피자, 피자헛, 도미노피자
피자뷔페	1994~1996	베네벤토, 아마또, 오케이, 베니토, 카이노스
탕수육		탕수 탕수 외
김밥		종로김밥, 김가네김밥, 압구정김밥
조개구이	1996~1997	조개굽는 마을, 미스조개 열받네, 바다이야기, 조개부인 바람났네
칼국수		봉창이해물칼국수, 유가네칼국수, 우리밀칼국수
북한음식		모란각, 통일의 집, 고향랭면, 발용각, 진달래각
요리주점	1997~1999	투다리, 칸, 천하일품, 대길, 기린비어페스타

메뉴	시대	외식 브랜드
찜닭		봉추찜닭, 고수찜닭, 계백찜닭
참치		참치명가, 동신참치, 동원참치
에스프레소 커피	1999~2001	할리스, 커피빈, 프라우스타, 이디야
돈가스		라꾸라꾸, 하루야, 패밀리언
생맥주		쪼끼쪼끼, 해피리아, 블랙쪼끼, 비어캐빈
아이스크림		레드망고, 아이스베리
회전초밥	2001~2003	스시히로바, 사까나야, 기요스시
하우스맥주		오키스브로이하우스, 플래티뉴, 도이치브로이하우스
불닭		홍초불닭, 화계, 땡초불닭
퓨전 오므라이스		오므토토마토, 오므라이스테이, 오므스위트, 에그몽
중저가 샤브샤브	2004~2005	정성본, 채선당, 어바웃샤브
베트남 쌀국수		호아빈, 포베이, 포메인, 포타이

메뉴	시대	외식 브랜드
해물떡찜	2006~2007	해물떡찜0410, 크레이지페퍼, 홍가네해물떡찜
정육형 고깃집	2006~2007	다하누촌, 산외한우마을
저가 쇠고기		아지매, 우스, 꽁돈, 우쌈, 우마루, 행복한 우담
국수	2008~2009	(비빔국수, 잔치국수)망향비빔국수, 명동할머니국수, 산두리비빔국수, 닐니리맘보
일본라멘		하코야, 멘쿠샤, 라멘만땅, 이찌멘
카페	2008~2013	스타벅스, 카페베네, 파리바게뜨
떡볶이	2011~2012	아딸, 죠스, 국대, 동대문엽기떡볶이
샐러드, 집밥	2013~2014	샐러드뷔페, 계절밥상, 자연별곡
디저트카페	2015~2017	몽슈슈, 초코렛바, 빙수 등 디저트

〈표 19〉 업종별 음식점업 현황(2015년 기준)

분류		업체수		종사자수	
		(개)	%	(명)	%
음식점업	한식점업	299,477	65.1	841,125	59.9
	한식점 제외한 총합	159,775	34.9	562,513	40.1
	중국 음식점업	21,503	4.7	76,608	5.5
	일본 음식점업	7,466	1.6	33,400	2.4
	서양 음식점업	9,954	2.2	67,279	4.8
	기타 외국식 음식점업	1,588	0.3	8,268	0.6
	기관 구내 식당업	7,830	1.7	48,000	3.4
	출장 및 이동 음식업	511	0.1	2,620	0.2
	기타 음식점업	110,923	24.2	326,338	23.2
	소계	459,252	100.0	1,403,638	100.0
주점 및 비알콜 음료점업		176,488		420,576	
음식점업(합계)		635,740		1,824,214	

〈표 20〉 사업장 면적규모별 음식점 분포도(2015년 기준)

사업장 면적규모		음식점수(개)	(%)
30㎡ 미만	(9.3평)	75,977	12.0
30㎡~50㎡	(9.3평~15.4평)	131,003	20.6
50㎡~100㎡	(15.4평~30.9평)	271,277	42.7
100㎡~300㎡	(30.9평~92.6평)	135,299	21.3
300㎡~1,000㎡	(92.6평~302.5평)	19,856	3.1
1,000㎡~3,000㎡	(302.5평~907.5평)	2,057	0.3
3,000㎡	(907.5평)	271	0.1
합 계		635,740	100.0

〈표 21〉 종사자 규모별 음식점(주점업포함)

(2015년 기준)

종사자규모	음식점수(개)	(%)	종사자수(명)	(%)
1~4명	559,338	88.0	1,170,619	64.2
5~9명	61,176	9.6	375,014	20.6
10~19명	11,685	1.8	147,249	8.0
20명 이상	3,541	0.6	131,332	7.2
합계	635,740	100.0	1,824,214	100.0

⟨표 22⟩ 년 매출규모별 음식점 및 종사원 분포도

(2015년 기준)

매출규모	음식점수(개)	(%)	종사원수(명)	(%)
50 만원 미만	156,598	34.1	282,449	20.2
50~100만원	150,523	32.8	347,310	24.7
100~500만원	132,474	28.8	503,483	365.9
500~1000만원	15,862	3.4	152,236	10.8
1000만원 이상	4,294	0.9	118,160	8.4
합계	459,252	100.0	1,403,638	100.0

〈표 23〉 음식점업 시도별 현황(2015)

구분	사업체수	사업체수 비중	종사자수	매출액	업체당 매출액	1인당 매출액
전국	635.7	100	1,824.2	79,579.6	125.1	43.6
서울	116.8	18.4	409.1	19,559.5	167.4	47.8
부산	47.1	7.4	135.7	5,921.2	125.6	43.6
대구	31.4	4.9	84.8	3,513.7	112.0	41.5
인천	29.8	4.7	85.1	3,845.9	128.9	45.2
광주	17.1	2.7	50.3	2,163.1	126.3	43.0
대전	18.3	2.9	54.2	2,559.1	140.0	47.2
울산	16.1	2.5	42.9	2,043.7	126.9	47.6
세종	1.6	0.2	4.1	185.2	116.7	44.7
경기	126.7	19.9	387.3	17,754.4	140.1	45.8
강원	29	4.6	68.8	2,521.8	86.9	36.7
충북	22.7	3.6	56.4	2,227.0	98.0	39.5
충남	28.2	4.4	71.8	3,056.2	108.3	42.6
전북	22.7	3.6	60.2	2,202.3	96.9	36.6
전남	25.6	4.0	60.7	2,262.0	88.5	37.3
경북	41.8	6.6	95.6	3,788.9	90.6	39.6
경남	49.9	7.8	125.4	4,906.1	98.3	39.1
제주	10.8	1.7	31.7	1,039.6	96.5	32.8

〈표 24〉 프랜차이즈 산업 주요 3개국 현황

구분	한국(2015년)	일본(2012년)	미국(2010년)
가맹본부 수	3,482	1,281	2,300
가맹점 수	207,068	240,000	767,000
매출액(년)	약 102조	약 22조 287억 엔	1조 달러
고용인원	124만	200~300만	1,740만
외식업 비중	본부 72% 가맹점 44%	외식업 17.5% (매출기준) 외식업 41.8% (본부기준)	외식업 42% 패스트푸드 31%

〈표 25〉 외식 프랜차이즈 현황

구분	외식가맹 본부 수	전체가맹 본부 수	외식가맹점 수	전체가맹점 수
2011	1,309(64%)	2,042	60,268(40.5%)	148,719
2012	1,598(66.4%)	2,405	68,068(39.8%)	170,926
2013	1,810(67.5%)	2,678	72,903(41.3%)	176,788
2014	2,089(70.3%)	2,973	84,046(44.1%)	190,730
2015	2,251(72.4%)	3,482	88,953(45.8%)	194,199

〈표 26〉 국내 프랜차이즈 현황(2015 기준)

가맹본부	가맹점
외식업 72%	외식업 46%
서비스업 19%	서비스업 31%
도·소매업 9%	도·소매업 23%

〈표 27〉 국내 프랜차이즈 현황(2015 기준)

년도	가맹본부 수	가맹브랜드 수	직영점 수	가맹점 수
2010년	2,042	2,550	9,477	148,719
2015년	3,482	4,288	12,869	194,199

〈표 28〉 국내 프랜차이즈 업종별 브랜드 수(단위:개)

년도	전체	외식업	서비스업	도소매업
2011년	2,947	1,942	593	392
2012년	3,311	2,246	631	434
2013년	3,691	2,263	743	325
2014년	4,288	3,142	793	353

〈표 29〉 국내 외식 프랜차이즈 가맹점 수(단위:개)

치킨	한식	주점	피자 · 햄버거
22,529	20,119	10,934	8,542
커피전문점	제빵 · 제과	분식 · 김밥	일식 · 서양식
8,456	8,247	6,413	2,520

〈표 30〉 외식 업종별 신생률(단위:%)

업종	수도권				비수도권
	서울	인천	경기	평균	
한식음식점	7.6	8.1	7.9	**7.8**	7.1
중식음식점	7.5	5.4	8.4	**7.7**	5.3
일식음식점	10.7	6.5	11.1	**10.5**	9.0
경양식음식점	9.9	13.6	11.8	**10.6**	10.8
패스트푸드점	9.4	10.9	12.1	**10.8**	13.4
치킨전문점	10.2	10.8	10.7	**10.5**	10.9
분식음식점	6.4	11.5	11.3	**8.5**	9.9
주점	9.6	8.4	10.2	**9.7**	8.0
커피숍	20.7	22.1	24.7	**22.5**	20.0

〈표 31〉 업종별 활동업체수 증감률(단위:%)

업종	수도권				비수도권
	서울	인천	경기	평균	
한식음식점	-1.3	-0.5	-1.1	**-1.1**	-0.4
중식음식점	0.1	-2.1	0.2	**-0.1**	-1.6
일식음식점	3.3	0.6	3.4	**3.1**	3.3
경양식음식점	1.6	5.7	3.5	**2.3**	2.0
패스트푸드점	-0.7	4.0	5.3	**2.4**	7.0
치킨전문점	1.4	0.9	2.9	**2.1**	3.8
분식음식점	-3.4	0.7	1.4	**-1.4**	1.9
주점	-0.3	0.2	0.9	**0.3**	1.2
커피숍	15.1	20.8	20.7	**18.0**	13.1

〈표 32〉 업종별 5년 생존율(단위:%)

업종	수도권				비수도권
	서울	인천	경기	평균	
한식음식점	55.4	57.0	56.4	**56.0**	61.7
중식음식점	63.5	69.6	61.4	**63.1**	72.2
일식음식점	59.5	50.0	57.3	**58.2**	68.0
경양식음식점	61.4	48.7	59.3	**60.5**	61.2
패스트푸드점	53.0	69.4	60.4	**58.2**	63.9
치킨전문점	61.9	54.7	59.8	**60.0**	63.4
분식음식점	49.9	54.0	49.8	**50.4**	58.0
주점	59.0	63.9	58.2	**59.1**	65.7
커피숍	57.4	64.8	48.7	**54.5**	51.6

〈표 33〉 수도권 업종별 생존기간 10년 미만 비율

업종	수도권(%)				비수도권(%)
	서울	인천	경기	평균	
한식음식점	53.9	50.4	56.7	**54.9**	45.9
중식음식점	47.3	45.2	53.7	**49.9**	37.5
일식음식점	63.5	46.4	62.2	**61.7**	54.0
경양식음식점	59.4	64.5	64.7	**61.2**	56.7
패스트푸드점	78.2	73.8	69.4	**73.7**	62.6
치킨전문점	68.5	69.7	71.6	**70.3**	66.5
분식음식점	43.6	65.7	64.3	**52.7**	57.0
주점	58.8	52.0	61.3	**59.1**	55.3
커피숍	86.5	76.2	84.4	**84.5**	70.3

〈표 34〉 업종별 상주인구기준 포화도 상위 지역

업종	서울	인천	경기
한식음식점	중구(3.6)	옹진군(2.1)	가평군(3.5)
중식음식점	중구(3.5)	중구(2.3)	가평군(2.8)
일식음식점	중구(3.8)	강화군(1.9)	평택시(2.9)
경양식음식점	종로구(2.9)	중구(2.0)	포천시(3.0)
패스트푸드점	강남구(4.7)	중구(1.5)	가평군(3.6)
치킨전문점	중구(2.4)	동구(1.6)	연천군(2.7)
분식음식점	종로구(3.3)	동구(1.9)	연천군(4.0)
주점	마포구(2.4)	부평구(1.3)	구리시(2.5)
커피숍	중구(3.9)	강화군(1.8)	연천군(3.2)

〈표 35〉 2015년 활동업체 현황(단위:개,%)

| | | 전국 | 수도권 | | | | 비수도권 |
			서울	인천	경기	평균	
한식 음식점	개수	289,358	53,092	11,408	58,235	**122,735**	166,623
	증감	-2,015	-680	-56	-623	**-1,359**	-656
	증감률	-0.7	-1.3	-0.5	-1.1	**-1.1**	-0.4
중식 음식점	개수	21,428	4,030	999	3,970	**8,999**	12,429
	증감	-218	4	-21	6	**-11**	-207
	증감률	-1.0	0.1	-2.1	0.2	**-0.1**	-1.6
일식 음식점	개수	12,784	4,844	645	2,499	**7,988**	4,796
	증감	394	155	4	82	**241**	153
	증감률	3.2	3.3	0.6	3.4	**3.1**	3.3
경양식 음식점	개수	27,023	9,463	575	4,141	**14,179**	12,844
	증감	568	148	31	139	**318**	250
	증감률	2.1	1.6	5.7	3.5	**2.3**	2.0
패스트 푸드점	개수	8,283	1,738	366	1,837	**3,941**	4,342
	증감	378	-13	14	93	**94**	284
	증감률	4.8	-0.7	4.0	5.3	**2.4**	7.0
치킨 전문점	개수	36,895	5,745	1,987	8,966	**16,698**	20,197
	증감	1,085	80	18	250	**348**	737
	증감률	3.0	1.4	0.9	2.9	**2.1**	3.8
분식 음식점	개수	41,454	12,075	2,094	7,171	**21,340**	20,114
	증감	73	-423	15	102	**-306**	379
	증감률	0.2	-3.4	0.7	1.4	**-1.4**	1.9
주점	개수	65,775	12,396	3,908	13,941	**30,245**	35,530
	증감	512	-39	6	120	**87**	425
	증감률	0.2	-0.3	0.2	0.9	**0.3**	1.2
커피숍	개수	50,270	11,055	2,446	9,712	**23,213**	27,057
	증감	6,666	1,453	421	1,664	**3,538**	3,128
	증감률	15.3	15.1	20.8	20.7	**18.0**	13.1

〈표 36〉 국내 주요 50개 외식업체 2016년 실적

	법인명	대표브랜드	매출액		
			2016년	증감률	2015년
1	파리크라상	파리바게뜨	1,777,178,739,028	2.86%	1,727,743,711,101
2	CJ푸드빌	빕스	1,250,423,221,494	3.66%	1,206,274,856,583
3	스타벅스코리아	스타벅스	1,002,814,318,251	29.58%	773,900,207,510
4	롯데GRS	롯데리아	948,881,502,698	-1.17%	960,107,706,719
5	이랜드파크	애슐리	805,448,929,846	11.06%	725,259,064,288
6	농협목우촌	또래오래	539,706,247,053	06.05%	574,447,698,787
7	비알코리아	던킨도너츠	508,589,410,709	-2.24%	520,244,187,126
8	교촌에프앤비	교촌치킨	291,134,570,511	13.03%	257,568,343,023
9	비케이알	버거킹	253,165,340,964	-9.10%	278,519,490,955
10	제너시스BBQ	BBQ	219,753,548,128	1.80%	215,859,733,466
11	청오디피케이	도미노피자	210,258,669,230	7.61%	195,397,386,682
12	해마로푸드서비스	맘스터치	201,871,094,029	35.82%	148,630,305,769
13	에스알에스코리아	KFC	177,025,154,533	1.32%	174,724,909,649
14	더본코리아	새마을식당	174,871,404,102	41.18%	123,861,782,375
15	본아이에프	본죽	161,915,426,742	12.99%	143,298,606,904
16	이디야	이디야커피	153,544,611,986	13.30%	135,521,376,709
17	지앤푸드	굽네치킨	146,963,838,585	49.35%	98,403,070,608
18	커피빈코리아	커피빈	146,020,774,483	5.10%	138,938,692,307
19	할리스에프앤비	할리스커피	128,620,870,080	18.45%	108,584,230,041
20	놀부	놀부부대찌개	120,371,880,274	0.61%	119,644,883,536
21	엠피그룹	미스터피자	97,057,713,543	-12.03%	110,334,442,101
22	한솥	한솥도시락	93,450,170,833	8.69%	85,977,883,670
23	탐앤탐스	탐앤탐스	86,904,811,559	-2.09%	88,763,650,721
24	아모제푸드	카페아모제	77,709,476,186	-10.79%	87,021,856,784
25	카페베네	카페베네	76,579,195,280	-30.45%	110,110,201,113
26	토다이코리아	토다이	75,712,432,549	1.81%	74,366,111,820
27	원앤원	원할머니보쌈	75,335,571,616	-1.76%	76,685,431,644
28	디딤	신마포갈매기	65,752,103,510	6.20%	61,915,832,179
29	엔티스	경복궁	64,214,566,518	0.04%	64,191,883,374
30	전한	강강술래	62,605,427,065	16.76%	53,617,791,947

	법인명	대표브랜드	영업이익		
			2016년	증감률	2015년
1	파리크라상	파리바게뜨	66,466,341,645	-2.83%	68,401,992,788
2	CJ푸드빌	빕스	7,612,835,874	-27.61%	10,515,825,667
3	스타벅스코리아	스타벅스	85,263,869,944	80.87%	47,141,285,776
4	롯데GRS	롯데리아	19,265,680,668	43.52%	13,423,529,274
5	이랜드파크	애슐리	-13,042,395,296	적자지속	-18,567,855,117
6	농협목우촌	또래오래	2,388,904,185	-43.58%	4,234,412,263
7	비알코리아	던킨도너츠	40,507,512,902	-21.78%	51,789,190,475
8	교촌에프앤비	교촌치킨	17,697,273,857	16.81%	15,150,420,135
9	비케이알	버거킹	10,753,419,177	-11.41%	12,138,378,984
10	제너시스BBQ	BBQ	19,119,575,719	37.65%	13,889,867,948
11	청오디피케이	도미노피자	26,148,974,238	14.85%	22,763,349,909
12	해마로푸드서비스	맘스터치	17,257,002,377	93.95%	8,897,630,011
13	에스알에스코리아	KFC	-12,262,188,782	적자전환	2,519,865,023
14	더본코리아	새마을식당	19,762,485,462	80.08%	10,974,482,886
15	본아이에프	본죽	9,643,020,060	108.54%	4,624,133,933
16	이디야	이디야커피	15,785,054,983	-3.36%	16,333,174,813
17	지앤푸드	굽네치킨	14,074,334,840	150.02%	5,629,268,870
18	커피빈코리아	커피빈	6,415,508,347	63.97%	3,912,507,369
19	할리스에프앤비	할리스커피	12,733,558,418	85.71%	6,856,590,390
20	놀부	놀부부대찌개	4,471,311,917	71.67%	2,604,572,263
21	엠피그룹	미스터피자	-8,906,726,136	적자지속	-7,258,907,426
22	한솔	한솔도시락	7,537,969,650	-3.90%	7,844,235,483
23	탐앤탐스	탐앤탐스	2,361,398,129	-46.33%	4,399,702,445
24	아모제푸드	카페아모제	-691,750,183	적자지속	-514,452,289
25	카페베네	카페베네	-554,827,454	적자지속	-4,381,991,762
26	토다이코리아	토다이	1,890,163,061	-34.38%	2,880,632,811
27	원앤원	원할머니보쌈	1,906,415,161	28.04%	1,488,921,918
28	디딤	신마포갈매기	5,531,547,756	109.18%	2,644,406,000
29	엔티스	경복궁	3,495,529,796	6.93%	3,268,846,170
30	전한	강강술래	6,253,723,716	156.51%	2,438,038,325

	법인명	대표브랜드	당기순이익		
			2016년	증감률	2015년
1	파리크라상	파리바게뜨	55,101,759,875	6.56%	51,707,226,710
2	CJ푸드빌	빕스	5,213,030,763	흑자전환	-7,399,515,626
3	스타벅스코리아	스타벅스	65,250,646,249	130.68%	28,286,458,919
4	롯데GRS	롯데리아	-11,328,471,862	적자지속	-57,188,774,814
5	이랜드파크	애슐리	-80,415,701,255	적자전환	3,259,340,450
6	농협목우촌	또래오래	176,061,903	-96.06%	4,474,241,678
7	비알코리아	던킨도너츠	35,748,612,156	-17.04%	43,090,305,701
8	교촌에프앤비	교촌치킨	10,333,269,262	48.13%	6,975,624,101
9	비케이알	버거킹	8,041,478,568	-6.98%	8,644,484,103
10	제너시스BBQ	BBQ	5,622,355,657	-25.79%	7,575,978,570
11	청오디피케이	도미노피자	20,886,060,816	15.86%	18,027,199,494
12	해마로푸드서비스	맘스터치	9,295,865,326	52.53%	6,094,487,395
13	에스알에스코리아	KFC	-18,989,243,531	적자전환	1,239,410,933
14	더본코리아	새마을식당	19,246,938,573	176.53%	6,960,110,664
15	본아이에프	본죽	6,541,937,183	666.68%	853,282,435
16	이디야	이디야커피	11,157,627,325	-14.73%	13,085,209,896
17	지앤푸드	굽네치킨	9,051,485,230	98.68%	4,555,730,841
18	커피빈코리아	커피빈	4,274,213,864	68.04%	2,543,614,329
19	할리스에프앤비	할리스커피	9,112,688,828	97.97%	4,603,109,833
20	놀부	놀부부대찌개	34,729,365	흑자전환	-1,185,695,358
21	엠피그룹	미스터피자	-13,169,290,522	적자지속	-5,685,686,269
22	한솔	한솔도시락	5,937,412,411	-6.94%	6,379,860,772
23	탐앤탐스	탐앤탐스	-2,700,843,324	적자전환	1,006,075,983
24	아모제푸드	카페아모제	-2,894,719,809	적자지속	-2,831,863,842
25	카페베네	카페베네	-24,199,662,544	적자지속	-33,998,615,819
26	토다이코리아	토다이	-302,769,030	적자전환	60,192,423
27	원앤원	원할머니보쌈	1,050,809,166	-46.68%	1,970,922,444
28	디딤	신마포갈매기	3,882,856,783	206.73%	1,265,883,943
29	엔티스	경복궁	870,450,996	62.51%	535,619,685
30	전한	강강술래	4,044,752,337	204.26%	1,329,361,651

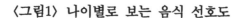

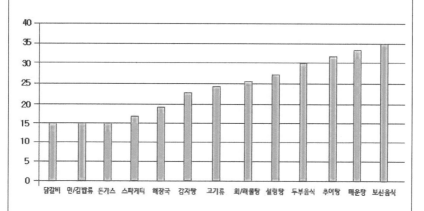

〈그림1〉 나이별로 보는 음식 선호도

〈표 37〉 외식장소 선택기준

연도	식당 선택기준
1985년	가격, 맛, 위생
1990년	맛, 청결, 가격
1995년	맛(87.1%), 서비스(4.6%), 분위기(4.4%)
2000년	맛(77%), 서비스(37.4%), 분위기(32.7%)
2005년	맛(72.3%), 가격(15.5%), 양(4.4%)
2010년	맛(71.2%), 분위기(10.2%), 교통(8.4%)
2015년	맛(82.6%), 분위기(25.2%), 교통(21.3%)
2017년	맛(77.3%), 분위기(7.1%), 가까운 위치와 교통(6.8%)

〈표 38〉 상권별 특징

구분	특징
오피스	- 말, 저녁 공백. - 직장인 상권의 경우 짧은 이동을 선호하는 경향이 강하여 어디에 입지하는가가 중요함. - 따라서 오피스 이면 유동인구가 많은 곳이 상대적으로 유리. - 직장인을 목표시장으로 하는 만큼 규모를 크게 하고 현대화된 환경으로 창업하는 것이 유리.
역세권	- 영업시간이 상대적으로 길고 자영업자의 피로도가 큼. - 24시간 성황, 주말 유입인구가 크고 업종이 다양하며 유흥성향이 상대적으로 강한 상권 곱창전문점은 B급지에 입지하는 것이 적당,
대학가	- 찾아다니며 소비하는 성향이 강해 상권이 넓게 형성. 따라서 입지 선택의 여건이 상대적으로 양호.
주택가	- 평일 공백 - 가족단위 소비자를 유입할 수 있는 환경을 구축하는 것이 필요
전문 쇼핑가	- 업종별 군집형태로 상권 발달 - 쇼핑가 자영업자를 목표시장으로 전문상가 인근에 입지

〈표 39〉 보쌈전문점 최적의 상권입지

적합상권 유형	장·단점	
제1후보지 주택가 진입로변상권	장 점	보쌈전문점 주 수요층의 접근성이 좋은 대단위 주택가 진입로 변 1층 매장이 가장 적합하다.
	단 점	주택가 상권의 경우 직장인 수가 적다. 점심 매출이 기대만큼 나오지 않을 수 있다.
제2후보지 아파트 주거지역	장 점	거주밀집지역의 틈새상권도 좋다. 배달을 전문으로 하는 소규모 업체라면 적극 추천한다.
	단 점	틈새 입지개발이 쉬운 일이 아닌 만큼 단골을 만들기 위한 노력이 필요하다.
제3후보지 역세권, 오피스밀집 상권	장 점	직장인 유동인구가 많은 역세권이나 오피스밀집상권, 먹자상권은 어떤 아이템이 들어가도 반은 먹고 들어갈 수 있다.
	단 점	보증금, 월세, 권리금이 높아 매출은 높으나 수익성이 떨어질 수 있다.

〈표 40〉 장어전문점의 최적 상권입지

제1후보지 사무실 밀집지역 및 도심 오피스상권 먹자골목		제2후보지 도심외곽 관광지 및 강변상권		제3후보지 주택가로 이어지는 대로변	
장점	단점	장점	단점	장점	단점
주택가 상권보다는 관공서 주변상권과 회식 수요가 있는 사무실 밀집지역이 적합하다. 30~50대 남성들의 분포가 많은 지역이라 장어의 수요가 많다.	직장인들을 대상으로 하는 저렴한 가격의 점심메뉴를 개발해야 한다. 주5일 근무로 주말 매출이 저조할 수 있다.	장어 전문점은 보양식품이라는 인식이 크기 때문에 도심 한가운데보다 외곽지역에서 장어를 찾는 사람들이 많다. 임진강 일대, 고창 선운사 일대, 남양주 운길산역 일대가 장어타운이 형성된 이유다.	주말고객층과 평일고객층의 편차가 크다는 점이다. 수도권 상권의 경우 평일 접근성이 높은 지역 선정이 중요하다.	장어전문점 특성상 주택가 진입로 대로변 매장이 관건이다. 눈에 띄는 입지가 목적 구매고객을 공략할 수 있다.	평일 낮 매출을 담보하기 어렵다. 주부들의 계모임이나 동네의 크고 작은 행사를 유치하는 등 매출 증대를 위한 전략을 세울 필요가 있다.

〈표 41〉 갈비 전문점의 최적의 상권입지

적합상권 유형		장·단점
제1후보지 (대단위 아파트 상권 내 외식상권)	장점	갈비 전문점의 주 수요층이라고 할 수 있는 주부·가족단위고객을 공략하는 데는 1만 세대 이상이 거주하는 아파트상권이 적합하다
	단점	아파트상권의 경우 분양가 거품으로 인해 점포임대가가 높기 때문에 자칫 투자 수익률이 떨어질 수 있는 위험성이 있다.
제2후보지 (주택가상권 대로변 입지)	장점	갈비 전문점은 대형화 전문화 바람을 타고 있는 아이템이다. 가시성과 접근성이 좋은 주택가 상권 진입로 대로변을 추천한다. 대형매장을 공략한다면 지역의 랜드마크 역할을 하면서 안정 수익을 확보할 수 있다.
	단점	대형 매장의 경우 점포구입비와 점포 시설투자비가 높다. 초기투자 비용이 상당하므로 쉽사리 진행하기 어렵다.
제3후보지 (역세상권 내 먹자골목)	장점	지속적인 안정 수요층을 확보하는 데는 역세상권의 먹자골목도 나쁘지 않다.
	단점	먹자골독 내의 경쟁점포가 많기 때문에 자칫 먹자골목 경쟁우위를 점유하지 못한다면 상권 내 경쟁구도에서 밀려날 수 있는 위험성이 높다.

〈표 42〉 닭갈비 전문점, 대학가·먹자골목 최적의 상권 입지

적합상권 유형		장·단점
제1후보지 (지하철역 인근 먹자골목)	장점	지하철역 인근 먹자골목이나 중심상가 이면도로는 닭갈비 전문점의 최적 입지다. 내부가 들여다보이는 1층 매장이면 더욱 좋다. 우선 유동인구가 많고, 저녁모임이 많이 이루어지는 곳이라 소모임이나 회식수요가 많다.
	단점	주 영업시간이 밤이기 때문에 늦은 시간까지 영업을 해야 한다. 체력이 뒷받침되지 않으면 운영에 차질을 빚을 수 있다.
제2후보지 (대학가 주변)	장점	닭갈비에 대한 선호도가 가장 높은 계층이 모이는 지역이다. 맛과 서비스에 관리를 잘하면 단골손님 확보가 용이하다.
	단점	점포 구입단계에서 투자비용이 높다. 물건을 구하기도 쉽지 않다. 어설프게 접근하면 손해만 볼 확률이 높다.
제3후보지) (사무실주변 유동인구 많은 곳)	장점	직장인들의 모임 장소로 콘셉트를 잡는 게 중요하다. 점심메뉴를 개발해 점심영업을 기대 할 수 있다.
	단점	주말 매출을 기대하기 어렵다. 저녁 매출이 중요한 업종이지만, 퇴근시간대 매출이 생각만큼 나오지 않을 가능성도 있다.

관통도로와 교통량에 따른 매출

관통도로란 시 경계선에서 시내와 시외를 연결하는 주요 도로를 말한다. 적은 자본으로 음식 장사로 한몫 잡고 싶다면 이들 관통도로의 교통량을 분석하는 것이 좋다. 국내에는 도시 크기가 매우 크고 근처에 거대 위성 도시를 끼고 있어도 관통도로에 하루 20만대가 넘는 교통량을 보이는 지역이 없다. 그럼 관통 도로의 교통량이 대강 어느 정도이면 음식점의 장사가 잘되는 것일까?

교통량이 많이 발생하는 관통 도로에는 도로를 따라 여러 개의 핵심 상권이 자생하고 있다. 음식점을 이 핵심 상권에 입점시키는 것도 좋은 방법이지만 건물 임대료가 비싸다. 이럴 경우에는 교통량을 믿고 대로변에 음식점을 입점시키는 것도 생각해볼 만하다. 남태령 고개를 예로 들어보면, 남태령 고개는 경기도 과천과 서울 사당동을 연결하는 고개 이름이다. 이 고개를 따라 서울 방향으로 발전한 상권이 사당동 역세권이다. 그 밑으로는 방배동 상권이 있다. 예전에는 시계를 연결하는 단순한 도로에 불과했으나 서울 외곽에서 서울 시내로 출퇴근하는 사람들이 많아지면서 사당동은 대형 상권으로 발전하였다.

관통 도로와 같은 대로변에 음식점을 입점시킬 때는 하루 평균 5만 대 정도의 교통량이 발생하는 도로로 생각해볼 만하다. 5만 대 수준이면 대강 맛이 있거나 분위기가 있는 요식업소라면 매출이 일정 이상으로 발생한다.

그렇다면 교통량 계산은 어떻게 하나? 어떤 한 지점의 교통량은 일반적으로 출근이 시작되는 아침 7시를 전후로 해서 늘어나기 시작한 뒤 8시부터 9시 사이가 그날의 최고 피크 타임이 된다. 그런 뒤 교통량이 일정 수준으로 계속 유지되다가 오후 퇴근 시간이 되자 교통량이 다소 늘어났다가 새벽 1시면 현저하게 줄어든다는 공통점이 있다.

즉 아침 9시대에 피크를 이루고 점심을 전후로 약간씩 줄어들었다가 저녁 퇴근 시간대에 다시 피크를 이룬 뒤 새벽 1시까지 천천히 감소하다가 새벽 1시를 넘으면 현저하게 줄어든다. 이로 인해 아침 피크 시간대의 교통량과 교통량이 제일 적은 새벽 4시경의 교통량은 3배에서 5배 정도의 차이가 발생한다.

교통량 조사 방식

관통 도로에서의 교통량은 오전(07~09시), 점심(11~14시), 퇴근 시간(17~19시) 사이에 측정한다. 새벽 1시부터 아침 7시까지의 교통량은 피크 타임의 3분의 1로 계산한 후 평균을 잡으면 하루 교통량의 윤곽이 대강 잡힌다.

일반적으로 주거 지역에서는 21시~23시 사이에 교통량이 점차 줄어들지만, 심야 영업이 활발한 지역은 21시~23시경에 다소 교통량이 늘어나는 특징을 가지고 있다. 따라서 술집을 창업하려면 그 지역(먹자골목 등)의 밤 21시부터 23시까지의 교통량을 측정하는 것이 좋다. 만일 21시를 기준으로 시간당 교통량의 유입 유출 합계가 3천대 이상이라면 그 지역은 심야 상권이 활발한 지역이라고 볼 수 있다.(밤 9시부터 10시까지 3천대 이상의 유동량을 보이는 도로라면 그 도로는 교통 정체가 상당히 심한 도로라고 말할 수 있다.)

〈표 43〉 서울의 관통 도로 교통량

도로 명	교통량(대)
양재대로	약 13만
시흥대로	약 12만
하일동	약 10만
남태령	약 9만
통일로	약 9만
도봉로	약 7만 9천
망우리	약 7만 7천
복정 검문소	약 6만
서하남	약 6만
서오릉	약 4만

창업할 수 있는 외식업 종목

한정식 전문점/ 산채요리 전문점/나물요리 전문점/ 약선요리 전문점/ 궁중요리 전문점/ 사찰음식 전문점/ 한식당/ 한식배달 전문점/ 생선구이백반 전문점/ 연탄구이백반 전문점/ 우렁된장 전문점/ 대통밥 전문점/ 중화요리 전문점/ 중화요리 뷔페/ 테이크아웃 중화요리 전문점/ 중화요리 패밀리 레스토랑/ 기사식당/ 5,000원 기사식당/ 돼지김치찌개 전문 기사식당/ 해물탕 전문 기사식당/ 연탄구이 기사식당/ 일식집/ 활어횟집/ 장어 전문점/ 초밥 전문점/ 퓨전초밥 전문점/ 회전초밥 전문점/ 일본음식 전문점/ 보쌈 전문점/ 부대찌개 전문점/ 수제 부대찌개 전문점/ 빈대떡 전문점/ 족발 전문점/ 닭갈비 전문점/ 찜닭 전문점/ 바비큐 치킨 전문점/ 통닭 전문점/ 닭볶음탕 전문점/ 삼계탕 전문점/ 죽 전문점/ 덮밥 전문점/ 비빔밥 전문점/ 돌솥밥 전문점/ 가마솥밥 전문점/ 철판볶음밥 전문점

참치회 전문점/ 꽃게탕 전문점/ 해물탕 전문점/ 민물새우 전문점/ 낙지요리 전문점/ 랍스타 전문점/ 조개구이 전문점/ 꼬치구이 전문점/ 밴댕이요리 전문점/ 올갱이국 전문점/ 돼지갈비 전문점/ 삼겹살 전문점/ 생고기 전문점/ 연탄불고기 전문점/ 화로 숯불고기 전문점/ 한우 전문점/ 떡볶이 전문점/분식 전문점/ 만두 전문점/ 즉석김밥 전문점/ 카레요리 전문점/ 수제어묵 전문점/ 수제 햄버거 전문점/ 수제핫도그 전문점/ 호두과자 전문점/ 왕만두 전문점/ 멸치국수 전문점/ 잔치국수 전문점/ 회국수 전문점/ 막국수 전문점/ 우동 전문점/ 라면 전문점/ 칼국수 전문점/ 손칼국수 전문점/ 콩칼국수 전문점/ 바지락 칼국수 전문점/ 수제비 전문점/ 닭수제비 전문점/ 퓨전음식 전문점/ 일식돈가스 전문점/ 바비큐 전문점/ 샤브샤브 전문점/ 버섯요리 전문점/ 두부요리 전문점/ 두루치기 전문점/ 보리밥 전문점/ 쌈밥 전문점/ 떡갈비 한정식 전문점

추어탕 전문점/ 매운탕 전문점/ 동태탕 전문점/ 감자탕 전문점/ 영양탕 전문점/ 오리요리 전문점/ 설렁탕 전문점/ 해장국 전문점/ 뼈다귀 해장국 전문점/ 콩나물 해장국 전문점/ 소해장국 전문점/ 카페/ 락카페/ 북카페/ 룸카페/ 커피숍/ 룸커피숍/ 테이크아웃 커피 전문점/ 보드게임 카페/ 막걸리 전문점/ 연탄불 생선구이 주점/ 일본식 주점/ 퓨전 주점/ 연탄불 안주 주점/ 철판요리 주점/ 포차 주점/ 맥주 전문점/ 세계맥주 전문점/ 호프 전문점/ 소주방/ 단란주점/ 룸살롱/ 노래방/ 비즈니스 바/ 웨스턴 바/ 칵테일 바/ 마술쇼 바/ 모던 바/ 클럽/ 제과점/ 떡 전문점/ 피자 전문점/ 파스타 전문점/ 스파게티 전문점/ 이태리요리 전문점/ 프랑스요리 전문점/ 터키요리 전문점/ 베트남쌀국수 전문점/ 양꼬치 전문점/ 말고기 전문점/ 북한음식 전문점/ 외국음식 전문점/ 패스트푸드/ 패밀리 레스토랑/ 샐러드 레스토랑/ 해물 뷔페/ 고기 뷔페/ 가든형 음식점/ 반찬집/ 1만원 고기안주 주점/ 1만원 해산물안주 주점/ 무한리필 안주 주점/ 무한리필 음식 전문점/ 무한 토핑 주점

<표 44> 추정소요자금 계획

과목	금액	비고
1. 매출액	0	서비스매출 + 상품매출
1) 서비스	0	(서비스매출)
2) 상품매출	0	(상품 또는 음식 판매 매출)
2. 매출원가	0	상품의 원가
3. 매출이익	0	매출액 - 매출원가
4. 판매관리비	0	
1) 급료	0	직원급여, 사업자급여
2) 복리후생비	0	직원복리후생, 4대보험, 식대 등
3) 임차료	0	임차료
4) 수도광열비	0	전기세, 수도세, 가스 등
5) 통신료	0	전화, 인터넷, 휴대폰
6) 수수료	0	세무대행료, 신용카드 수수료, 정수기, POS 등
7) 소모품비	0	1회용품, 청소용품, 주방용품
8) 감가상각비	0	취득원가-잔존가치/내용연수
9) 광고비	0	전단지, 홍보비 등
10) 기타경비	0	
5. 영업이익	0	매출이익 - 판매관리비
6. 영업외 비용	0	
1) 지급이자	0	대출금은행이자
7. 영업외 수익	0	이자수익 등
8. 경상이익	0	영업이익 - 영업외비용 + 영업외수익
9. 세전순이익	0	경상이익 - 특별손실 + 특별이익
10. 세금	0	1년 부가가치세, 소득세/12개월
11. 순손익	0	세전순이익 - 순이익

매출액 추정과 투자 수익률 분석

매출액 추정 방법

1개월 동안의 수익 X 12개월 = 적정 권리금

월 매출액

통행인구수 X 내점률 X 1인구매단가(객단가)
X 월간 영업일수

〈표 45〉 투자수익률 및 투자회수기간 판단 기준

사업성 판단기준	투자수익률	투자비회수기간
매우 우수	4.3% 이상	2년 이내 회수
우수	3~4.2%	2~3년 회수
보통	2.2~3%	3~4년 회수
불량	2.1% 미만	4년 이상 회수

⟨표 46⟩ 입지 후보지 선정

1	업종(목적)분석	아이템의 소비시간, 소비수준, 소비층, 소비행동, 경쟁점, 보완점을 분석한다.
2	유사업종군집화	소비패턴과 소비특성 등이 유사한 업종을 군집화한다.
3	1차 지역선정	군집화된 업종의 환경 조사
4	적합도 분석	상권과 업종의 적합도와 경쟁점과 보완점을 조사한다.
5	2차 후보지선정	적합도가 높으며, 임대조건 등이 좋은 지역 선정
6	변화요인 분석	도시계획, 공급률 등을 조사하여 미래변화요인을 조사한다.
7	타당성 분석	추정손익, 투자대비, 수익률 등 사업타당성을 분석한다.
8	최종	최종 결정

〈표 47〉 환경 분석(3C 분석)

3c	분석 내용	전략 방향
Customer	- 상권 반경 1km 내 - 배후세대를 주택가로 두고 있는 2종 근린생활 상권 - 30~40대 매니아층, 가족 수요 상존 - 31,500세대, 88,700명(주택 80%)	양질의 제품 확보 정당한 가격 정책
Company	- 기능적 능력의 확보 - 공급자 확보 - 20년 이상 거주로 잠재 수요 확보	제품의 질 유지
Competitor	- 경쟁점포 7개소(곱창 6, 양구이 1) - A급 경쟁점포 1개 - 경쟁점 대비 차별화 요소 약함 - 기존 점포의 고객 충성도 높음	양심의 제품 공급과 마케팅으로 새로운 맛집으로 부상

〈표 48〉 사업 방향의 설정

구분	사업 방향 설정
목표고객	- 상권 내 30~40대 - 배후세대 가족 고객
핵심경쟁력	- 기술적 능력 - 양질의 제품에 대한 지속적인 제공능력
실행방안	- 독산동 내장 도매상과의 협업 - 블로그 운영 - 스토리텔링에 의한 고객충성도 고취
업종현황 및 전망	- 공급이 한정적이고 손질에 어려움이 있는 반면, 매니아층을 중심으로 수요가 꾸준하여 향후 전망 또한 안정적임.

〈표 49〉 시설계획

인테리어 컨셉	-젠 스타일 추구로 유행을 타지 않으면서 안정감 추구 -가족 고객을 위한 편안한 테이블 셋팅 -배연 시설에 중점			
시설 계획	-동선을 고려한 설계 -주방면적, 홀 면적, 테이블 수, 마감재 기재 철거, 목공, 전기, 조명, 마감 계획의 구체화 -간판 디자인			
시설 자금	품명	수량(m²)	3.3m² 당 단가	금액
	인테리어(홀)	66	800,000	16,000,000
	인테리어(주방)	19	400,000	2,000,000
	잡기 비품 등			5,000,000
	간판 외			2,000,000
	합계			25,000,000

〈표 50〉 구매계획

구매전략	-독산동 내장 소매상 2곳 이상 확보 -세금계산서 수취가 가능한 식자재 업체 확보 -결제조건, 반품 조건 등을 명확히 함. -집기 비품 구매 목록표 작성					
식자재	**구입품명**	**구입처**	**거래조건**	**연락처**	**금액**	**비고**
	곱창, 양깃머리 외					
	식자재					
	주류					
집기/비품	주방 용품					
	홀 용품					

〈표 51〉 판매계획

	메뉴명	수량(g)	단가	금액(일)	비고
판매계획	곱창	200	15,454	772,700	부가세 별도
	양깃머리	200	20,000	200,000	
	곱창모듬	200	13,636	272,720	
	염통	200	9,090	45,450	
	간, 천엽		4,545	22,725	
	주류		2,727	149,985	
	합계			1,463,580	

〈표 52〉 원가계획

	원부자재	소요량(일)	구입단가	금액	비고
매출원가	곱창	1보			
	양깃머리	2kg			
	막창	1보			

〈표 53〉 인력 및 인건비 계획

직책	인원	급여	총액	비고
실장(주방/홀)	2	1,600,000	3,200,000	
직원(홀)	2	1,400,000	2,800,000	
보조(주방)	1	800,000	800,000	
합계	5	3,800,000	6,800,000	

〈표 54〉 소요자금 및 조달계획

구분		내역	금액	산출근거
소요자금	시설자금	임차보증금	40,000,000	임대차계약서
		권리금	20,000,000	권리양도계약서
		인테리어비	20,000,000	견적서
		집기 비품	5,000,000	견적서
		소계	85,000,000	
	운영자금	운영자금	25,000,000	매출계획의 약 65%
		소계	25,000,000	
	합계		110,000,000	
조달계획	자기자금	현금/예금	70,000,000	통장
		소계	70,000,000	
	타인자금	은행대출	10,000,000	
		정책자금	30,000,000	창업자금
		소계	40,000,000	
	합계		110,000,000	

〈표 55〉 손익계획

과목	금액		산출근거
1.매출액		39,516,000	매출계획(27일영업일)
2.매출원가		15,806,000	(40%)
3.매출이익		23,710,000	
4.일반관리비		13,875,000	(가~자 합계액)
가.급료	6,800,000		인력계획 참조
나.임차료	5,060,000		
다.관리비	600,000		
라.수도광열비	400,000		
마.통신비	50,000		
바.복리후생비	250,000		
사.광고선전비	100,000		
아.잡비	200,000		
자.잠가상각비	415,000		
5.영업이익		9,835,000	
6.영업외비용		100,000	
가.지급이자	100,000		약 25%
7.영업외수익			
8.경상이익		9,735,000	

<표 56> 곱창이야기 수익성

구분	15평(49.5m)	30평(99.1m)
테이블수	일일 2회 기준 테이블수X테이블단가40,000 ▶360,000X2회 ▶720,000	일일 2회 기준 테이블수18X테이블단가40,000 ▶720,000X2회 ▶1,440,000
예상매출	일일 2회 기준 테이블수X테이블단가40,000 ▶360,000X2회 ▶720,000	일일 2회 기준 테이블수18X테이블단가40,000 ▶720,000X2회 ▶1,440,000
예상월매출	영업일30X일매출→ 21,600,000	영업일수30X일매출→43,200,000

<표 57> 곱창이야기 창업비용

구분	15평	30평	내용
월매출	21,600,000	43,200,000	
매출원가	8,610,000	17,280,000	원재료+식자재+주류+야채류
건물임대료	2,600,000	4,000,000	임대료/관리비
인건비	4,000,000	7,000,000	15평 주방1 홀2 4,000,000 30평 주방1 홀4 7,000,000
전기,가스 공과금	1,000,000	2,000,000	전기,수도,가스,공과금 등
잡비	500,000	1,000,000	기타 소모품 및 식대
소계	16,140,000	31,280,000	
영업이익	5,460,000	11,920,000	원매출-지출경비(소계)

〈표 58〉 한식당 창업비용의 예

구분	내용	20평	30평	40평	50평	60평	70평
가맹비	브랜드 사용권, 지역독점부여권, 조리교육, OPEN지원 3일	500	500	500	500	500	500
교육비	경영, 조리, 매뉴얼제공, 본사 노하우제공, 조리교육 3일	200	200	200	200	200	200
인테리어	목공사, 전기공사, 설비공사, 도장공사, 유리, 도배, 주방, 바닥 시공, 조명, 덕트 등 일체포함	3,000	4,500	6,000	7,500	9,000	10,500
주방기기	냉장고 및 냉동고, 간택기, 육수냉장고, 싱크대,찬 냉장고, 작업대, 밥솥, 컵소독기, 스텐선반, 홀싱크대, 상부선반, 초벌대	37	37	37	37	37	37
주방 및 홀 집기	그릇 및 주방집기, 기물, 홀 집기, 앞치마, 전자레인지, 믹서기, 보온고 등	30	30	30	30	30	30
판촉 및 홍보	명함, 빌지패드, 라이터, 메뉴판, 전단지, OPEN현수막, 유니폼(홀, 주방), 오픈행사도우미 2명 외 등	250	250	250	250	250	250
본사지원품목	주류냉장고, 냉동고, 냉각기 및 주류비품 일체, 가스설비시공 (단, 도시가스 제외)						
창업자금지원	무이자, 무담보, 1,000만원부터 최고 5,000만원 까지 가능 (지역 상권, 평수에 따라 차이가 날 수 있음)						
합계		4,017	5,517	7,067	8,567	10,067	11,567

사업자등록증 발급을 위한 행정 절차	
권리금 산정방식	① 신규 위생교육 ② 보건증 발급 ③ 영업신고증 신청 ④ 사업자등록증 신청 ⑤ 보험 가입

〈표 59〉 일반음식점과 휴게음식점 비교

일반음식점	휴게음식점
음식물의 조리 및 판매와 더불어 음주행위가 허용되는 호프집, 한식, 경양식 등	음식물의 조리 및 판매는 가능하나 음주행위가 허용되지 않는 커피숍, 빵집 등

〈표 60〉 일반과세와 간이과세 비교

구분	일반과세사업자	간이과세사업자
매출액	연간매출액 4,800만원 이상	연간매출액 4,800만원 미만
납부세율	공급가액의 10% 부가가치세로 납부	업종별 부가세율을 고려한 세율부과(공급가액의 1.5~4%)
세액공제	매입세액 전액	매입세액의 15~40%
세금계산서	세금계산서 발행과 매입의 의무	세금계산서 발행 불가
예정고지 여부	예정신고기간에 대해 예정신고 또는 예정고지에 의한 징수 원칙	예정신고 및 예정고지 없음
비고		과세기간 매출액이 1,200만원 미만인 경우 부가가치세 면제

〈표 61〉 주요 소셜커머스 사이트 및 연락처

소셜커머스 업체	도메인	연락처
쿠팡	www.coupang.com	1577-7011
티켓몬스터	www.ticketmonster.co.kr	1544-6240
위메이크 프라이스	www.wemakeprice.com	1588-4763
그루폰코리아	www.groupon.kr	1661-0600
지금샵	www.g-old.co.kr	070-4077-4770
슈팡	www.soopang.co.kr	1600-2375
소셜비	www.sociabee.co.kr	1588-5908
달인쿠폰	www.dalincoupon.com	1666-9845

〈표 62〉 온라인마케팅의 하나인 소셜미디어 활용

		블로그	SNS	위키	UCC	마이크로 블로그
사용목적		정보공유	관계형성, 엔터테이먼트	정보공유, 협업에 의한 지식 창조	엔터테이먼트	관계형성, 정보공유
주체:대상		1:N	1:1 1:N	N:N	1:N	1:1 1:N
사용환경	채널 다양성	인터넷 의존적	인터넷환경, 이동통신환경	인터넷 의존적	인터넷 의존적	인터넷환경, 이동통신환경
	즉시성	사후기록, 인터넷 연결시에만 정보 공유	사후기록, 현재시점 기록, 인터넷/이동 통신 연결 시 정보공유	사후기록, 인터넷 연결시 창작/공유	사후제작, 인터넷 연결시 콘텐츠 공유	실시간 기록, 인터넷/이동 통신 연결 시 정보공유

〈표 63〉 연간 판매촉진 전략

월별	행사	이벤트 기준 및 판촉활동
1	시무식, 신년회, 설날, 대입합격축하회	POP부착, 새해선물(식사권, 할인권 등)을 연하장에 넣어 DM발송, 내점고객 선물 증정(복주머니, 복조리 등)
2	입춘, 봄방학, 졸업식, 환송회	졸업축하 이벤트, 발렌타인데이 특별 디너세트 판매(꽃, 샴페인증정, 초콜릿), 봄맞이 환경처리 실시, 현수막 부착, DM발송(리스트 입수), 정월대보름 오곡밥 축제
3	입학식, 환영회, 대학개강 파티	입학식, 환영회(행사유치를 위한 사전 홍보활동 및 선물제공), 화이트데이 이벤트 실시, 봄 샐러드 축제와 꽃씨제공
4	봄나들이, 한식, 식목일	신 메뉴 개발, DM, 각종 차량에 안내장 부착
5	어린이 날, 어버이 날, 스승의 날, 성년의 날	어린이날 특선메뉴 및 기념품 제공, 가정의 달 효도대잔치(카네이션, 기념사진 등), 독거 소년·소녀와 노인 초청 행사, 서비스 콘테스트 실시, 광고 등
6	각종 체육회, 현충일	국가 유공자 가족 초대회(할인행사)

월별	행사	이벤트 기준 및 판촉활동
7	여름보너스, 휴가, 초중고 방학	DM, 여름철 특선 메뉴 실시(빙수, 생과일 쥬스, 호프, 야외 바베큐파티 등), 삼복더위 축제
8	여름휴가, 초중고 개학	한여름 더위를 식힐 화채 개발 시식 및 각종 우대권 제공
9	대학개학, 초가을레저, 추석	도시락 개발, 행락철에 T/O
10	운동회, 대학축제, 결혼러시, 단풍놀이 행락객	가을미각축제, 과일축제, 송이축제, 전어축제, DM발송
11	학생의 날, 취직, 승진축하	찜요리 축제, 입시생을 위한 특선메뉴(건강식), 송년회 및 회식안내(DM)
12	송년회, 겨울방학, 겨울레저, 첫눈	크리스마스카드 및 연하장 발송(할인권), 점내 POP부착
기타	단골고객의 날 이벤트 개최, 생일 축하, 월 시식일 등	고객관리, 선물 또는 무료 식사권 제공

일일 매출 규모별 적정 관리 내역

(1) 하루 매상 40만원-창업 실패한 업소

한 달 총매출 : 40만원 x 30일 = 1,200만원

재료비(30%~35% 안팎) : 450만원 안팎

임대료&공과금&인건비(35%~40% 안팎) : 500만원 안팎

순이익률(22%~30%) : 250만원 ~ 350만원(사장이 주방이나 매장일을 하는 상태)

(2) 하루 매상 60만원-평균 성적을 거둔 업소

한 달 총매출 : 60만원 x 30일 = 1,800만원

재료비(30%~35% 안팎) : 600만원 안팎

임대료&공과금&인건비(35%~40% 안팎) : 700만원 안팎

순이익률(23%~32%) : 400만원 안팎(사장이 주방이나 매장일을 절반 정도 하는 상태)

(3) 하루 매상 150만원-대박 아닌 중박을 이룬 업소

한 달 총매출 : 150만원 x 30일 = 4,500만원

재료비(30%~35% 안팎) : 1,600만원 안팎

임대료 & 공과금 & 인건비(35%~40% 안팎) : 1,700만원 안팎

순이익률(25%~33%) : 1,200만원 안팎

(4) 하루 매상 30만원~40만원 일 경우-폐업 갈림길의 음식점

말 그대로 입에 풀칠하고 있는 상황에서 사업을 접지도 못하는 상황인 음식점을 말한다. 수입이 적기 때문에 사장이 직접 주방일을 할 수밖에 없다. 인건비 지출을 줄여야 하므로 종업원은 1~2인만 고용할 수 있는 상태다. 종업원 1인 고용 시 매장을 전부 담당하지 못하므로 사장 부인이 주방일도 거들고 매장일도 거드는 상황이 된다. 이렇게 되면 부부가 힘들어 지게 되고, 부인의 바가지 지수는 높아지며 이때쯤 되면 음식점 장사에 대해 체념하게 된다.

이런 점포는 십중팔구 1년 안에 문을 닫게 되거나, 코가 꿰인 상태로 어쩌지도 못하고 사업을 하는 상태가 지속된다.

하루 평균 매상 30만원 이하이면 이건 동네에서 관심조차 받지 못하는 음식점이란 뜻이고, 맛없는 집이거나 망해가는 음식점이라는 뜻이다. 다시 말해 동네 손님은 없고, 아주 소수의 단골손님과 우연히 걸려든 뜨내기손님을 받는 업소이다.

5천만원 이하 소자본 창업을 하면서 준비를 제대로 하지 않으면 이런 일이 쉽게 발생한다. 가장 큰 이유는 업종 선택이 잘못되어서이거나, 맛이 없어서이다. 이런 경우 1일 매상 폭의 변동이 매우 심한데 이것은 고객들에게 안 가도 되는 음식점으로 각인됐다는 뜻이다. 창업 15일이 지나도 하루 평균 매상이 30만 원 이하이면 바로 업종 변경을 해야 한다. 만일 밥집이었다면 술을 취급할 수 있는 업종으로 변경을 시도하면 매상을 더 올릴 수 있다.

(5) 하루 매상 60만원 일 경우-생활 유지형 음식점

하루 매상 60만원이라면 월수입이 400~500만원 정도이므로 집에 생활비를 가져갈 수 있고 음식점 경영 목적으로 자동차를 자유롭게 운용할 수 있는 상태이다. 자동차는 더 싼 식재료를 사러 다니는 용도로 사용한다. 우리 주변에서 볼 수 있는 평범한 음식점들보다는 좋은 실적이므로 일단 '맛' 은 어느 정도 인정받은 집이라고 할 수 있다.

일을 할 때 가끔 자기 일이 행복하다는 생각이 들기도 하고 불행하다는 생각이 들기도 한다. 부부는 일심동체로 사업을 키우기 위해 더 열심히 노력하는 상태가 된다. 건물 임대료에 따라 다르겠지만 종업원은 1~2명 정도 고용할 수 있고 부부 중 한 사람이 주방을 맡아 인건비 부담을 줄일 수 있다.

그런데 이 경우가 가장 위험하다. 당장 먹고사는 방법이 마련되어 있으므로 가끔 행복지수가 올라가기는 하는데, 유명 맛집이 아닌 한 음식점의 매상은 세월이 흐를수록 떨어지기 마련이다. 예를 들어 옆집에 더 근사한 음식점이 들어오면 바로 타격이 온다는 뜻이다. 하지만 기존 단골이 있으므로 바로 매상이 떨어지지는 않고 2~5년 세월이 흘러가면서 아주 서서히 매상이 떨어진다. 어느 날은 매상이 90만원인데 어느 날은 매상이 20만원이 되기도 한다.

(6) 하루 매상 100만원일 경우-돈을 모을 수 있는 음식점

월 900만원 안팎의 수익이 발생하므로 몸은 고생해도 행복지수는 날로 높아진다. 월 순이익 1천만원 수준을 넘기면 이젠 자신의 음식점이 성공하였다고 자부하고, 자기는 가만히 있는데도 돈이 굴러들어온다고 착각한다. 이 상태이면 주방장과 종업원을 여러 명 고용한 뒤 부부는 놀러 다닐 수도 있는 상태가 되지만 돈 버는데 재미가 붙어 꼭 매장에 붙어 있으려고 한다. 이 경우 월수입을 전부 쓰지 말고 생활비를 제외한 나머지는 반드시 저축해야 한다. 저축한 금액은 몇 년 뒤 매장을 확장하거나 직영점을 내는 데 활용할 수 있다. 직영점 3개 정도 내면 더 바쁘게 살겠지만 최소한 돈 걱정은 안 하고 살 수 있을 것이다. 또한 천천히 프랜차이즈 사업을 시도할 수도 있다.

(7) 하루 매상 150만원일 경우-흔히 말하는 중박 음식점

하루 매상이 150만원인 점포는 흔히 말하는 중박 이상의 성공한 음식점들이다.

유명 햄버거 프랜차이즈 중에서 입지 조건이 나쁜 지방에 있는 점포인 경우 일매 110만원 정도를 찍는다. 대도시에서

지명도 낮은 지역에 있는 유명 햄버거 체인점들이 일매 130만원~180만원을 찍는다. 그리고 재래시장에서 볼 수 있는 시장 빵집 중 항상 손님이 바글바글대는 빵집이 일매 170만원을 찍는다.

30평 규모의 유명 한식 프랜차이즈 중에서 장사가 잘되는 점포가 일매 150만원 찍고, 장사가 잘되는 주점, 호프집, 고깃집, 일식집, 분식집이 일매 150만원을 찍는다.

(8) 하루 매상 200만 원-흔히 말하는 초대박 음식점

하루 매상 200만 원이면 객단가 7천 원 기준 1일 300인분을 판매하는 초대박 음식점이다. 월 1천 500만원~2천만원의 순수익이 발생한다. 물론 고기를 박리다매하는 주점이라면 이익률이 더 낮아질 것이다. 하루 200만 원 매출이 발생한다면 더할 나위 없이 좋은 시나리오이고 프랜차이즈 사업을 시도해도 성공할 확률이 높다. 또한 매출이 조금 떨어질 무렵이면 장사에 싫증날 수도 있는데 이때 권리금을 많이 받고 바로 팔아 버릴 수도 있다.

그런데 하루 매상 200만원 찍으려면 단골과 유동 인구가 중요하다. A급 상권에 입점한 유명 패스트푸드점, 외식업 체인점이 일매 200만원 이상 찍는다. A급 상권에서 장사가 잘되는 고깃집, 한정식, 횟집, 주점, 퓨전음식점, 유명 한식체인점, 일식집, 분식집이 일매 200만원 이상 찍는다. A급 상권에 있는 퓨전포차도 히트치면 일매 200만원 이상 찍는다.

(9) 하루 매상 300만원 이상-맛집이거나, 유동 인구가 많거나, 매장 크기가 큰 음식점

유동 인구가 많은 오피스 밀집 지역은 20평 크기의 분식점도 장사를 잘하면 일매 300만 원 이상 찍기도 한다. 또한 지방의 전통적인 맛집이거나, 점포 크기가 상대적으로 큰 경우다. 객단가가 높은 음식점이거나, 부촌에서 장사가 잘되는 음식점이 이에 속한다.

A급 상권이거나 강남 부촌 등에서 장사가 잘되는 고깃집, 주점 등이 일매 300만원 이상 찍고, A급 상권으로 비즈니스 밀집 지역에서 장사가 잘되는 20평 크기의 분식점이 일매 300만 원 이상 찍는다. 대형 아파트단지에서 맛으로 유명한 개인 빵집도 일매 300만원 이상 찍는다.

갈비 숯불구이집이 부촌에서 초히트치면 일매 1,000만원을 찍는다. 바닷가의 유명 횟집이라면 일매 400만원 이상 찍는다. 더 유명하고 드라이브족이 많이 찾는 횟집이라면 일매 700만원을 찍기도 한다. 도시 외곽에 새로 음식점을 세웠는데 맛집으로 유명세를 타면서 손님들이 몰려온다면 일매 300만원 이상 찍고 업종에 따라 일매 500만원 찍는 집과 일매 700만원을 찍기도 한다.

(10) 하루 매상 1천만 원-기업형 음식점

유동 인구가 많은 곳에 위치한 유명 패밀리 레스토랑 가맹점들은 보통 일매 1천만원 이상을 찍는다. 유명 프랜차이즈의 본점은 대부분 대형이다. 이들 중 장사를 잘하는 본점들이 보통 일매 400만원, 500만원을 찍고, 일매 1천만 원 이상 찍는 본점도 있다. 보통 고깃집, 쌈밥집, 보쌈집, 오리요릿집처럼 객단가가 높은 업체들의 본점이 가능하다.

〈표 64〉 한식 갈비집의 초기 창업비용

품목	내용	금액
가맹비	·상표사용권 부여 및 지역 독점영업권 보장	·400만원 ※전략지역 할인이벤트 확인
교육비	·가맹점 운영 교육 및 매뉴얼 제공, 노하우 전수	600만원
물품 보증금	·본사 공급 원부자재에 대한 예치금(가맹계약 해지 시 반환)	400만원 → 200만원 ※200만원 할인행사
점포개발비	·나이스비즈맵과 SK텔레콤 상권분석 시스템	100만원 → 0원 ※100만원 할인행사
인테리어	·설계 및 3D 디자인/바닥타일 공사 ·목공사(자재/인건비/유리·금속 공사 ·전기, 조명공사/도장, 필름공사/사인물 일체	4200만원 ※33m² 당 140만원
홀/주방기물	·2인/4인 테이블, 단체석 일체 등	1500만원
간판	·외부 전면 잔넬 텍스트 간판 (4M) ·돌출 간판 및 사이드 간판	450만원
기기설비	·로스터(착화식), 삼중불판 ·냉장/냉동고, 간데기 etc, 육류냉장고 등 ·샐러드바, 아이스크림케이스, 식혜, 커피머신	2250만원
홍보/오픈지원	·웹카메라 1대/음향기기SET/홍보물 및 조형물 일체	50만원

〈표 65〉 외식업 초기 창업비용(단위 : 만 원)

구분	99.17m²	132.23m²	165.28m²	198.34m²	세부내역	비고
가맹비	800	800	800	800	상호·상표사용(브랜드가치) 등	소멸
교육비	200	200	200	200	메뉴·운영·서비스·식자재 교육	체류비 등 점주부담
인테리어	3900	5200	6500	7800	목공사, 설비, 방수공사, 천정, 전기 등	평당 130만 원
간판	500	600	700	750	전면LED간판, 돌출간판 등	그 외 별도
닥트	550	700	850	1000	외부 2층 기본, 내부 및 주방 닥트	3층 이상 별도
테이블·의자	400	520	640	760	홀 의·탁자	
테이블 렌지	270	350	430	510	2구렌지	
주방기기·홀 집기	2100	2700	3300	3900	식기세척기, 주방기기 등	주물불판은 본사 무료 대여
인쇄·홍보·소품	200	250	300	400	이벤트, 전단지, 추억의 소품 일체	
합계	8920	1억1320	1억3720	1억6120		

참고문헌

고재윤·정미란(2006), 와인 바 선택속성이 고객만족에 미치는 영향. 와인소믈리에연구, 2(1), 5-20.

구해근(2007), 세계화 시대의 한국 계급 연구를 위한 이론적 모색. 경제와 사회. 76, 255-327.

김성섭·전혜진·황지영(2004), 주5일 근무제도 도입에 따른 여가 및 관광활동의 변화 추정. 호텔경영학연구, 13(2), 221-237.

남은영(2007), 한국의 소비문화와 중산층의 생활양식: 문화적 자본 및 사회적 자본의 함의를 중심으로. 서울대학교 대학원 박사학위논문.

대한주류공업협회(2016), 세계 주류시장 동향. 대한주류공업협회.

맹한승(2004), 행복을 찾아가는 나만의 삶, 웰빙. 행복한마음.

방진식·조경숙(2001). 국내와인소비시장 수요예측에 관한 연구. 외식경영연구, 4(1), 105-123.

서울시 보도자료, 서울 지하철 24억 명 이용 개통 이후 최다. 2016. 03.15.

서진우·허경숙(2010), 와인구매고객의 라이프스타일이 선택속성, 고객만족도에 미치는 영향. 관광레저연구, 22(5), 225-241.

유기환(2007), 라스티냐크의 공간 이동과 텍스트의 의미: 고리오 영감. 프랑스학 연구, 42, 135-159.

유병호·황조혜(2012), 소믈리에의 서비스 품질과 음식에 따른 와인선
택속성이 고객만족도에 미치는 영향. 관광레저연구, 24(6),
347-368.

이상희·이형룡(2012), 와인소비자의 관여수준에 따른 위험지각과 정
보탐색이 소비자 만족에 미치는 영향. 외식경영연구, 15(
5), 297-319.

이재열(2006), 지역사회 공동체와 사회적 자본. 지역사회학, 8(1), 3
3-67.

이준영(2009), 소비욕망의 개념화와 소비욕망: 구매 전환모델 연구.
서울대학교 대학원 박사학위논문.

이채은·박영배(2012), 와인소비의 감정적 반응에 따른 와인선택속성
의 차이. 호텔경영학연구, 21(1), 145-160.

조돈문(2005), 한국사회의 계급과 문화: 문화자본론 가설들의 경험적
검증을 중심으로. 한국사회학, 39(2), 1-33.

차석빈·김홍빈·이승헌(2012), 국내 와인관련 논문의 연구동향에 관한
내용분석: 1999-2010년 환대 및 관광 관련 학술지 연구논
문을 중심으로. 외식경영연구, 15(1), 281-297.

한국사회학회(2016), 국민의식조사. 한국사회학회지.

현대경제연구원(2016.1.9.)

LG주간경제(2004), 웰빙열풍을 읽는 3개의 코드, CEO Report.

Aaker, L. J.(1997). Dimension of Brand Personality. Journal of Marketing Research, 34(3), 347-357.

Belk, R. W.(1988). Possessions and The Extended Self. Journal of Consumer Research, 15(2), 139-168.

Beverland, M.(2002). Unlocking the Asian Wine Market: An Exploratory Case Study. International Journal of Wine Marketing, 14(3), 53-64.

Bruwer, J., Li, E. & Reid, M.(2002). Segmentation of the Australian Wine Market Using a Wine-related Lifestyle Approach. Journal of Wine Research, 13(3), 217-242.

Dichter, E.(1964). Handbook of Consumer Motivation, New York: Mcgraw-Hill.

DiMaggio, P. & Useem, M.(1978). Social Class and Art Consumption: The Origins and Consequences of Class Differences in Exposure to the Arts in America. Journal of Theory and Society, 5(2), 141-161.

Goffman, E.(1961). Asylums: Essays on the Social Situation of Mental Aptients and Other Inmates, Garden City, New York: Anchor Books.

Higgins, E. T. & Pham, M. T.(2005). Promotion and Prevention in Consumer Decision-Making: The State of the Art an d Theoretical Propositions, in Ratneshwar, S. & Glenn, M. D.(Eds). Inside Consumption: Consumer Motives, G oals, and Desires, London and New York: Routledge.

Lamont, M.(1992). Money, Morals and Manners, Chicago: Unive rsity of Chicago Press.

Lee, K., Zhao, J. & Ko, J.(2005). Exploring the Korean Wine Market, Journal of Hospitality & Tourism Research. 29 (1), 20-41.

Moulton, K., Spwawton, A. L. & Bourqui, M.(2001). Consumer Behavior and Marketing Strategies, Successful Wine Ma rketing. Aspen Publisher. Inc. pp.3-8.

Peregrin, T.(2005). Wine: A Drink to Your Health?. Journal of t he American Dietetic Association, 105(7), 1053-1054.

Peterson, R. A. & Simuk, A.(1992). How Musical Tastes Marks Occupational Status Group. In 2000 Lamont, M. & Fo urnier, M.(Eds). Cultivating Differences: Symbolic Boun daries and the Making of Inequality, Chicago: Universi ty of Chicago Press.

Wallendorf, M. & Arnould, E. J.(1988). My Favorite Things: A Cross Cultural Inquiry into Attachment, Possessiveness, and Socia l Linkage. Journal of Consumer Research, 14(1), 531-547.

한눈에 읽는 외식창업 성공이야기 [시리즈 21]

테마와 Fun이 있는 와인바 전문점

발 행 일 : 2018年 6月 1日

저 자 : 김 병 욱

발 행 처 : 킴스정보전략연구소

홈 페 이 지 : http://www.kimsinfo.co.kr

주 소 : 서울시 강동구 성내로8길 9-19(성내동
550-6) 유봉빌딩 301호(☎ 482-6374~5,
FAX : 482-6376)

출판등록번호 : 제17-310호(등록일: 2001.12.26)

인 쇄 : 으 뜸 사

I S B N : 979-11-7012-143-5

※ 당 연구소에서 발간하는 도서구입, 도서발행, 연구위탁, 강의, 내용·질의,
컨설팅, 자문 등에 대한 문의 ☎(02)482-6374.